ASSOCIATION NATIONALE FRANÇAISE
POUR LA
PROTECTION LÉGALE DES TRAVAILLEURS

LE PROBLÈME
DE LA
MAIN-D'ŒUVRE ÉTRANGÈRE

Par M. François FAGNOT
Chef des Enquêtes de l'Office du Travail.

Compte-rendu des Discussions. — Vœux adoptés.

FÉLIX ALCAN
MARCEL RIVIÈRE
ÉDITEURS

NOUVELLE SÉRIE N° 23

COMITÉ DIRECTEUR DE L'ASSOCIATION

M. **A. MILLERAND**, président de la République, ancien président de l'Association, **président d'honneur.**

MM. **Arthur FONTAINE**, président du Conseil d'administration du Bureau international du Travail, **président.**

Ed. BRIAT, secrétaire général de la Chambre consultative des associations ouvrières de production, **vice-président.**

R. LEGOUEZ, vice-président de la Fédération des industriels et des commerçants français, **vice-président.**

Étienne MARTIN SAINT-LÉON, conservateur de la Bibliothèque du *Musée social*, **vice-président.**

Jean LEROLLE, avocat à la Cour d'appel, professeur de législation ouvrière à l'Ecole Supérieure des sciences économiques et commerciales, **secrétaire général.**

Maurice BOUTELOUP, directeur de la Dette et des Pensions d'Alsace et de Lorraine, **trésorier.**

Louis BARTHOU, député.

Adéodat BOISSARD, député.

Henri CAPITANT, professeur à la Faculté de droit de Paris.

François FAGNOT, chef des enquêtes à l'Office du Travail.

Justin GODART, député.

Georges GOYAU, de l'Académie Française.

Arthur GROUSSIER, député.

Abbé LEMIRE, député.

André LICHTENBERGER, directeur du *Musée social.*

G. PERREAU, ancien député, professeur à la Faculté de droit de l'Université de Paris.

Eugène PETIT, docteur en droit.

Paul PIC, professeur à la Faculté de droit de l'Université de Lyon.

Paul STRAUSS, sénateur, membre de l'Académie de Médecine.

Albert THOMAS, directeur du Bureau international du travail.

SIÈGE SOCIAL : **5, rue Las-Cases, PARIS, VIIe**

LE PROBLÈME

DE LA

MAIN-D'ŒUVRE ÉTRANGÈRE

ASSOCIATION NATIONALE FRANÇAISE
POUR LA
PROTECTION LÉGALE DES TRAVAILLEURS

LE PROBLÈME
DE LA
MAIN-D'ŒUVRE ÉTRANGÈRE

Rapport de M. François FAGNOT
Chef des Enquêtes de l'Office du Travail

PARIS

LIBRAIRIE FÉLIX ALCAN
MAISONS FÉLIX ALCAN & GUILLAUMIN réunies
BOULEVARD SAINT-GERMAIN, 108

MARCEL RIVIÈRE et Cie
LIBRAIRIE des SCIENCES POLITIQUES et SOCIALES
RUE JACOB, 31

1924

LE PROBLÈME

DE LA

MAIN-D'ŒUVRE ÉTRANGÈRE

Séance du 26 Avril 1923

Présidence de M. JEAN LEROLLE

M. Jean LEROLLE. — Vous vous rappelez le point où nous sommes arrivés dans nos études sur l'immigration ? Nous avons entendu le rapport de M. Oualid sur les aspects juridiques du problème de l'immigration ouvrière (1). Aujourd'hui, nous allons entendre M. Fagnot nous parler de l'immigration ouvrière dans l'industrie ; puis M. Brancher nous exposera sa conception de l'organisation des services d'immigration ; ensuite nous aborderons la discussion des vœux qui nous auront été proposés par nos rapporteurs.

Je donne la parole à M. Fagnot.

RAPPORT DE M. FAGNOT

Conformément au plan arrêté par le Comité de direction de l'Association, je dois vous soumettre les résultats du mouvement de l'immigration, au cours de ces dernières

---

(1) Cf. L'Aspect juridique de l'immigration ouvrière, rapport présenté par M. Oualid, professeur à la Faculté de Droit de Strasbourg.

années, dans les diverses branches de l'industrie nationale. A cet effet, il convient de vous présenter d'abord les statistiques de l'immigration au cours des trois dernières années ; en second lieu, de faire connaître, dans leurs lignes générales, l'organisation et le fonctionnement des services chargés de contrôler le mouvement de l'immigration. Dans une dernière partie, il sera sans doute utile de vous rappeler les divers courants d'opinion qui se produisent dans le pays, depuis plusieurs années déjà, sur le problème de l'immigration et sur l'organisation des services. Enfin, pour vous permettre de donner un avis autorisé sur les divers aspects de la question, je compte vous soumettre un petit nombre de vœux, qui ne porteront d'ailleurs que sur des principes généraux.

I. — *Résultats statistiques*

En ce qui concerne le mouvement de l'immigration, je dois vous présenter des statistiques et je m'en excuse ; j'en citerai le moins possible, assez cependant pour donner une idée d'ensemble du mouvement depuis trois ans.

L'année 1920 se résume comme suit : 129.000 immigrants sont entrés en France et 13.000 seulement en sont sortis, soit une différence en faveur des entrées de 116.000 immigrants.

Comme vous le savez, une crise de chômage assez intense et assez généralisée a commencé dans la seconde moitié de 1920 et s'est étendue sur presque toute l'année 1921 ; par suite, le mouvement est allé en sens inverse. 24.000 immigrants seulement sont entrés en France, au cours de l'année 1921, tandis que 62.000 en sont sortis. Il y a donc eu une diminution de 38.000 unités.

L'année 1922 a été heureucement marquée par une

reprise de l'activité économique dans certaines industries tout au moins, quelques autres étant demeurées hésitantes. Dans l'ensemble, la situation économique s'est beaucoup améliorée et le mouvement d'immigration a repris un assez grand développement. Le total des immigrants entrés en France s'est élevé à 181.000 (en chiffres ronds); celui des sorties, assez important, a été de 50 000. Ainsi, 131.000 ouvriers étrangers sont restés en France, au cours de l'année 1922.

Il y a lieu de noter que ces chiffres ne sont pas rigoureusement exacts. En ce qui concerne les entrées, un certain nombre d'ouvriers étrangers pénètrent en France en dehors des postes frontières et, par suite, ils ne sont pas enregistrés. Le fait se produit aux frontières des Alpes et des Pyrénées, et plus encore à la frontière du Nord. Cependant, si la statistique n'est pas exacte, elle donne une approximation suffisante du nombre réel, qui doit être un peu plus élevé.

En ce qui concerne les sorties de France, les réserves à faire sont plus fortes. Il est certain, par exemple, que pendant la crise de chômage de 1921, plus de 62.000 ouvriers étrangers ont quitté la France. La statistique des rapatriés ne donne donc que des chiffres inférieurs à la réalité; on s'explique facilement que les services de frontière ne peuvent pas apporter le même soin à contrôler les sorties qu'à vérifier les entrées.

Quoi qu'il en soit, d'après les statistiques de l'Office central de la main-d'œuvre, le mouvement des trois années se résume comme suit :

ANNÉES	IMMIGRÉS	RAPATRIÉS	DIFFÉRENCE
1920.......	129.803	13.156	+ 116.647
1921.......	24.490	62.536	— 38.046
1922.......	181.472	50.311	+ 131.161

D'après ce tableau, le mouvement a été très perturbé par la crise de chômage de 1920-1921 et, pour ce motif, on ne peut guère englober les résultats des trois années dans une analyse un peu approfondie du mouvement. On est obligé de faire porter cette analyse sur l'année 1922 seulement. C'est évidemment une très courte période, mais il faut s'y tenir pour examiner le mouvement d'après la nationalité et d'après la profession des travailleurs immigrés.

Le tableau suivant donne les éléments essentiels du mouvement pendant l'année 1922 :

LE MOUVEMENT DE L'IMMIGRATION EN 1922.

NATIONALITÉS	IMMIGRANTS AFFECTÉS				RAPATRIÉS	DIFFÉRENCE	PROPORTION p. 100
	A L'INDUSTRIE		A L'AGRICULTURE	TOTAL			
	Régions libérées.	autres Régions.					
Belges............	8 283	3.250	13 293	24.826	1.236	23.590	17
Espagnols.........	425	6 227	30 773	46 425	11.727	34.698	26
Italiens...........	30.422	19 073	7 704	57.199	33.484	23 715	18
Polonais	14.054	14.316	9.077	37.447	1.850	35 597	27
Portugais..........	3.860	2.911	2.078	8 849	1.434	7 415	7
Divers.............	987	3.799	1.940	6.726	580	6.146	5
TOTAUX.....	58.031	49.576	73.865	181.472	50.311	131.161	100

D'après la statistique, les travailleurs belges ont donné 24.800 immigrants dans l'année ; comme il n'y a eu que 1.200 rapatriés enregistrés, il reste une différence nette de 23.600 travailleurs. Les Espagnols ont compté 46.000 immigrants ; il y a eu 11,000 départs, soit une différence en notre faveur de 35.000 ouvriers. Les Italiens ont donné 57.000 immigrants, mais les départs se sont élevés à 33.000 et, par suite, 23.700 seulement sont restés en France. Pour les Polonais, on compte 37.000 entrées et seulement 1.800 départs ; il reste donc 35.000 immigrants. Les Portugais, numériquement peu nombreux, ont néanmoins une certaine importance ; ils ont donné 8.800 immigrants, contre 1.400 départs ; il reste ainsi 7.400 travailleurs. Dans les nationalités diverses, on trouve notamment des Tchéco-Slovaques, Grecs, Russes, etc., avec un total peu important de 6.000 immigrants contre quelques centaines de départs.

Un nombre proportionnel fera peut-être ressortir, mieux que le chiffre absolu, l'importance relative de chaque nationalité. On voit ainsi que nous avons quatre sources principales de recrutement : les Polonais viennent en tête avec 27 %, suivis de près par les Espagnols, 26 % ; en troisième rang, les Italiens, 18 %, et enfin les Belges, 17 %. Ces pourcentages sont calculés après déduction des rapatriements.

Une première observation se dégage des statistiques. Dans l'ensemble, sur 100 immigrants, 73 sont restés en France et 27 sont partis ou, si l'on préfère, les 3/4 des immigrants sont restés et 1/4 d'entre eux sont partis. Le mouvement de l'immigration présente donc un caractère de mobilité assez prononcé. Il est particulièrement accusé pour la main-d'œuvre italienne et, à un degré moindre, pour la main-d'œuvre espagnole. Par contre, les Polonais présentent une grande fixité, qui tient sans doute à l'éloignement du pays d'origine; quoi qu'il en soit, la proportion des départs est insignifiante.

Le mouvement de l'immigration se poursuit en ce moment avec une tendance très nette à l'augmentation. Voici les chiffres globaux du premier trimestre de 1923 : 44.000 entrées contre 13.000 sorties, soit un excédent de 30.000 immigrants. La mobilité de la main-d'œuvre italienne tend plutôt à s'accentuer encore : 23.000 Italiens sont entrés pendant le trimestre, mais 10.000 sont sortis, ce qui ramène l'excédent à 13.000. D'après les chiffres du premier trimestre, on peut escompter que, au cours de l'année 1923, le nombre des immigrants atteindra au moins 180.000, avec un chiffre de départs oscillant autour de 50.000, soit un excédent minimum de 130.000 travailleurs (1).

(1) Voici les résultats statistiques du mouvement de l'immigration pendant l'année 1923, d'après le *Bulletin du Marché du travail*, n° supplémentaire du 8 février 1923 :

NATIONALITÉS	IMMIGRÉS	RAPATRIÉS
Belges	33.912	3.832
Espagnols	36.497	11 203
Italiens	112.475	39 383
Polonais	54.673	61
Portugais	11.767	4.052
Divers	13.553	1.420
TOTAUX	262.877	59.951

D'après ce tableau, l'excédent net des immigrants dépasse 200.000 pour l'année 1923. Le mouvement est donc en plein développement. A noter, d'autre part, que sur 262 000 immigrants, 184 000 ont été affectés à l'industrie et 78.000 à l'agriculture.

Il faut examiner maintenant le tableau statistique de 1922 au point de vue de la répartition professionnelle des immigrants. A cet égard, les chiffres globaux se répartissent comme suit :

Agriculture..............................	73.000
Industrie (régions libérées)...............	58.000
Industrie (autres parties de la France).....	49.000

L'agriculture tient la tête avec 40 p. 100 du total, et cela s'explique puisque, dans l'ensemble de notre situation déficitaire, c'est l'agriculture qui est relativement la plus atteinte. Les industries des régions dévastées viennent ensuite avec 32 p. 100 et il ne reste que 49.000 travailleurs, soit 28 p. 100, pour les entreprises industrielles et commerciales des autres parties du pays.

La statistique de l'immigration proprement dite ne fournit pas de données plus précises sur l'utilisation professionnelle des étrangers. Fort heureusement, la statistique des opérations de placement est à cet égard plus complète.

Elle nous apprend que, au cours de l'année, le total des placements de travailleurs étrangers s'est élevé à 170.429. Sur ce nombre, les services de la frontière ont effectué 106.000 opérations (qui sont comprises dans les chiffres de l'immigration), les services de l'intérieur 11.000 et les offices de placement 53.000. On ne connait pas la répartition professionnelle des 53.000 placements d'étrangers effectués par les offices, la statistique de ces derniers portant à la fois sur tous les travailleurs placés, français ou étrangers. C'est une lacune qu'il serait assurément utile de combler. On connait, par contre, la répartition professionnelle des 117.000 placements effectués par les services spéciaux de main-d'œuvre étrangère, et ces placements se répartissent comme suit :

	PLACEMENTS	P. 100
Bâtiment et terrassements..	41.000	35
Mines de charbon et de fer...	29.800	25
Métallurgie et métaux...........	3.900 ...	3
Travaux de manœuvres...	16.500 ..	14
Industries diverses	12.000	11
Agriculture..............	13.800	12
TOTAUX.....	117.000 . .	100

Les travaux du bâtiment et du terrassement donnent de beaucoup le plus gros chiffre, avec 41.000 placements sur 117.000, soit 35 %. Dans les mines de charbon et de fer, on a compté 29.800 placements, dont 20.400 pour le charbon et 9.400 pour le fer, soit pour l'ensemble des mines 25 % ou 1/4 du total. Les industries métallurgiques et mécaniques ne donnent jusqu'ici qu'un chiffre minime : 3.900 placements, c'est-à-dire 3 %. On compte 13.800 placements dans l'agriculture, soit 12 %. Les divers travaux de manœuvres tiennent une certaine place avec 16.000 placements, soit 14 %.

En résumé, d'après les résultats des opérations de placement, la main-d'œuvre immigrante joue un rôle d'une certaine importance dans deux branches de l'activité industrielle : le bâtiment et les travaux publics, et, d'autre part les mines de charbon et de fer. Par contre, en dehors des manœuvres, qui sont utilisés dans les industries et commerces les plus divers, on ne trouve jusqu'ici qu'un petit nombre d'étrangers dans les industries des métaux. Quant aux industries du bois, des textiles, du vêtement, de la céramique et verrerie, etc., le nombre des étrangers est si peu important qu'il n'est pas signalé dans la statistique.

Si l'on se place au point de vue des intérêts généraux

de la production, on peut regretter que jusqu'ici la main-d'œuvre étrangère ne soit utilisée dans une mesure appréciable que dans deux branches principales de l'industrie. Il faut espérer que cette situation s'améliorera dans un avenir prochain et que la main-d'œuvre immigrante, malgré la fâcheuse mobilité d'une partie d'entre elle, sera appelée à donner son concours dans plusieurs autres industries, surtout si, comme on peut l'escompter maintenant, l'activité économique demeure satisfaisante.

Il semble, en particulier, que les industries des métaux, qui comprennent des établissements si nombreux et si divers, depuis les hauts fourneaux jusqu'aux ateliers de serrurerie, pourront faire appel à une quantité beaucoup plus forte de travailleurs étrangers. Cependant, le très faible chiffre actuel peut s'expliquer. Il tient sans doute à ce que ces industries, après avoir été sérieusement touchées par la crise de 1921, sont encore à l'heure actuelle dans une certaine atonie.

Quoi qu'il en soit, d'après les résultats statistiques et tout en tenant compte des observations qui précèdent, on peut dire que le mouvement de l'immigration a pris dès maintenant une certaine extension dans ce pays et qu'il est appelé à se développer sensiblement au cours des prochaines années. C'est donc à bon droit que ce mouvement préoccupe tous les milieux intéressés : industriels, agriculteurs, ouvriers, spécialistes des questions de travail, Parlement et Gouvernement, sans parler des ouvriers étrangers eux-mêmes et de leurs gouvernements respectifs. A vrai dire, tant par sa nouveauté que par son importance et ses conséquences, ce mouvement constituera sous peu l'un des principaux aspects de la politique économique et sociale, celui qui soulèvera sans doute les plus sérieuses difficultés. Dès maintenant, en tout cas, il pose une série de problèmes, au premier rang desquels on s'accorde à placer l'organisation et le fonctionnement des services.

II. — *L'organisation et le fonctionnement des services.*

Tout d'abord, on admet généralement que les services de main-d'œuvre étrangère doivent être solidement constitués : il s'agit, en effet, de régulariser le mouvement de l'immigration, en vue d'assurer la production nationale, mais sans jamais nuire, dans quelque profession que ce soit, aux intérêts des travailleurs français. Pour concilier pratiquement ces deux points de vue, les services doivent être bien organisés, tout en gardant la souplesse qu'exige le traitement de questions aussi mouvantes.

A cet égard, il paraît juste de constater que les services actuels ont obtenu des résultats satisfaisants. Ils ont eu, depuis 1920, à faire face à des situations très différentes : en 1920, introduction de 130.000 ouvriers étrangers ; en 1921, crise de chômage entraînant l'arrêt du mouvement et le départ, volontaire ou non, de plus de 60.000 ouvriers étrangers. En 1922, reprise de l'immigration et introduction de 180.000 ouvriers des nationalités les plus diverses.

Au cours de cette période de trois ans, marquée cependant par deux mouvements en sens inverse, aucune difficulté sérieuse n'a ému l'opinion publique, le Parlement français, ou les gouvernements étrangers. Or, en ce qui concerne ces derniers, on conçoit aisément que, dans les quatre États qui nous fournissent la plus grande partie des immigrants, chaque gouvernement suit de près les faits et incidents relatifs à ses nationaux.

Cependant, il faut reconnaître que de divers côtés on demande des modifications à l'organisation actuelle des services, les unes en vue de les fortifier, les autres avec des intentions assez différentes. Ce mouvement d'opinion a finalement abouti au dépôt par le Gouvernement, le 15 octobre 1922, d'un projet de loi sur la réorganisation des services et la création d'un Office national de l'immigration. Il convient donc de vous rappeler sommairement la constitution des services de main-d'œuvre étrangère qui, à l'heure actuelle, sont rattachés au ministère du Travail.

Les services comprennent des dépôts ou des contrôles aux frontières, des services de contrôle à l'intérieur et un service central à Paris. Les dépôts sont au nombre réduit de quatre : un à Toul, pour les Polonais, les Tchéco-Slovaques et les immigrants de l'Est; deux aux Pyrénées à Hendaye et Perpignan, pour les Espagnols et les Portugais ; enfin, un dépôt à Marseille, pour les Italiens, les immigrants de l'Orient, etc. Il y a, en outre, quatre services de contrôle aux frontières : à Modane et Menton, pour l'Italie ; à Marignac-Saint-Béat (Haute-Garonne) et un service à la frontière belge ; ce dernier est administré par l'Office régional de la main-d'œuvre de Lille.

A l'intérieur du pays, il y a cinq services de contrôle et de placement : à Bordeaux, Lyon, Toulouse, Nantes et Paris ; ce dernier est annexé au service central. La direction des services d'exécution est assurée par un service central, rattaché au ministère du Travail.

On le voit, les services ne sont pas très nombreux et, par suite, ils n'entraînent pas une charge très lourde pour les finances publiques, comme le prouve l'examen du budget.

L'Office central de la main-d'œuvre, également rattaché au ministère du Travail, est surtout chargé des questions relatives à la main-d'œuvre nationale ; il veille, en particulier, à ce que la règle de priorité en faveur des ouvriers français reçoive une application convenable ; à cet effet, aux termes de l'arrêté ministériel du 6 octobre 1920, l'Office central doit exercer un contrôle sur l'ensemble des opérations de main-d'œuvre étrangère.

En ce qui concerne le fonctionnement des services, il convient de signaler deux opérations principales, portant, l'une sur l'introduction de la main-d'œuvre étrangère et l'autre sur les mouvements de cette main-d'œuvre à l'intérieur du pays.

Dans le recrutement à l'étranger, la règle suivante est couramment appliquée : l'ouvrier immigrant ne peut pénétrer sur le territoire qu'après autorisation des services ; une demande d'introduction doit être faite par un employeur, et l'ouvrier n'est admis que si la demande obtient un visa favorable de l'Office départemental de placement compétent. Ce visa est transmis par les offices régionaux au service de main-d'œuvre étrangère et, dans les cas difficiles, l'accord se fait au ministère. Le régime du visa préalable donne de sérieuses et légitimes garanties aux travailleurs français, mais il doit s'appliquer avec rapidité et souplesse car, dans le domaine de la production, il s'agit souvent de donner satisfaction à des besoins pressants.

Le régime du visa préalable comporte actuellement deux exceptions : l'une en faveur de l'agriculture et l'autre en faveur de l'industrie des mines. Elles s'expliquent très bien. Dans l'agriculture, le déficit de main-d'œuvre n'est que trop certain ; il est même grave pour notre génération et plus encore pour nos descendants immédiats. Et l'on peut dire que, si l'on ne parvient pas à atténuer sensiblement ce déficit, la physionomie économique, sociale et même morale de notre pays se modifiera sans doute d'ici un certain nombre d'années, sans que ce soit dans le sens d'un perfectionnement. Quoi qu'il en soit, les demandes d'introduction d'ouvriers agricoles ne sont pas soumises à la règle du visa préalable et le recrutement est libre. Il en est de même pour l'industrie des mines (charbon et fer) parce que la main-d'œuvre dans cette industrie est également très déficitaire. D'ailleurs, il n'y a jamais eu de protestations de la part des ouvriers mineurs français ; or, ils sont solidement organisés dans leurs syndicats et, si la main-d'œuvre étrangère devait leur porter préjudice, ils n'auraient pas manqué de réclamer.

Dans l'ensemble, le système du visa préalable paraît fonctionner convenablement et, en tout cas, il n'a donné lieu jusqu'ici à aucun mouvement d'opposition ; ce qui ne veut pas dire que, d'après les résultats de l'expérience quotidienne, le système n'est pas susceptible d'être amélioré.

En dehors des opérations d'introduction, il convient de noter les opérations de placement auxquelles donnent lieu les travailleurs étrangers qui résident déjà dans le pays. En examinant plus haut le mouvement des rapatriements, on a constaté que les ouvriers de certains pays voisins sont très mobiles. C'est un avantage pour les travaux saisonniers et aussi en cas de crise de chômage. C'est aussi un inconvénient sérieux pour la production, surtout dans les industries manquant de main-d'œuvre. En tout cas, cette mobilité doit se traduire, à l'intérieur du pays, par des changements d'emplois et de localité assez fréquents.

A cet égard, il y a lieu de rappeler les chiffres cités plus haut. Pendant l'année 1922, les ouvriers étrangers ont donné lieu à 64.000 opérations de placement à l'intérieur du pays : 11.000 placements ont été effectués par les services de main-d'œuvre étrangère et 53.000 par les offices de placement.

III. — *Les projets de réorganisation.*

Les chiffres qui précèdent appellent plusieurs observations. Tout d'abord, si l'on évalue à 200.000 environ le total des ouvriers étrangers présents, ces 64.000 changements d'emplois ou d'établissements, au cours d'une année, représentent une proportion assez forte, sans être cependant désordonnée. Mais, sur ce point, il faut interpréter convenablement les statistiques. Le nombre des changements d'emplois, s'il n'est pas excessif par comparaison avec le total des ouvriers étrangers, peut fort bien l'être pour ceux de certaines nationalités, et surtout pour une certaine proportion des ouvriers de toutes origines. La mobilité devient alors excessive et appelle des mesures appropriées.

Autre remarque. Deux catégories de services de main-d'œuvre procèdent aux 64 000 placements d'étrangers : les services de main-d'œuvre étrangère (11.000) et les offices de placement (53.000). Il y a donc dans les services un certain dualisme dont les effets ne peuvent que s'accentuer en raison de l'augmentation constante du nombre des ouvriers étrangers. D'autre part, il faut réserver les emplois vacants aux travailleurs français, s'ils sont en mesure de les occuper.

C'est pourquoi les offices de placement ont demandé, depuis plusieurs années déjà, que les opérations de placement des étrangers à l'intérieur du pays soient confiées aux offices de placement, de façon à assurer l'unité d'organisation des services dans chaque localité. Pour fortifier leur demande, ils ont rappelé qu'il y a au moins un office de placement au chef-lieu de chaque département, alors qu'il n'existe des services spéciaux de main-d'œuvre étrangère que dans quelques centres seulement. Ils ont également signalé les inconvénients que peuvent présenter certains moyens employés pour recruter et répartir la main-d'œuvre étrangère. Voici sur ce point la résolution adoptée par la Conférence nationale des offices publics de placement, réunie à Strasbourg, en juillet 1920 :

« Les offices locaux ou départementaux étant légalement organisés, il appartiendra au Ministère de coordonner leur action, de façon que, suivant les vœux de la Conférence de Marseille, dans chaque centre un seul service soit qualifié pour effectuer les opérations de placement, qu'il concentre toute la main-d'œuvre disponible et la répartisse judicieusement en tenant compte tout à la fois des besoins de la production et des préoccupations d'ordre social qui imposent des ménagements particuliers à l'utilisation de certaine main-d'œuvre, comme celle de la femme, des mutilés et réformés ou des étrangers.

. . . .

« La Conférence appelle notamment à cet égard l'attention des pouvoirs publics sur les graves inconvénients que ne manqueraient pas de soulever certaines pratiques d'importation et de répartition de la main-d'œuvre étrangère, sans que patrons et ouvriers des professions intéressées soient appelés, dans les commissions paritaires, à exercer à cet égard un contrôle vraiment effectif (1). »

(1) Parmi les organisations patronales qui ont étudié les problèmes d'immigration, il convient de noter spécialement la Fédération des Industriels et Commerçants français, présidée

De leur côté, les syndicats d'industriels et aussi les syndicats ouvriers se préoccupent des questions de main-d'œuvre étrangère et de l'organisation des services. Plusieurs groupements patronaux ont demandé la réorganisation des services d'immigration et de placement,

---

par M. André Lebon, ancien ministre. Comme conclusions de ses études sur la question, la Fédération a adressé, en janvier 1924, au Président du Conseil, ministre des Affaires étrangères, les vœux adoptés par elle sur le recrutement de la main-d'œuvre étrangère, la stabilisation de cette main-d'œuvre en France et la création d'un Office de l'immigration. Ce dernier vœu est ainsi conçu :

« La Fédération des Industriels et des Commerçants français,

« Après avoir pris connaissance des différentes propositions ou projets de loi ayant pour objet la création d'un Office de l'immigration ;

« Considérant que les droits des employeurs et des ouvriers doivent être définis d'une manière fixe par la loi et ne sauraient être soumis à l'instabilité de décisions administratives, temporaires et révocables, sous réserve toutefois du contrôle de l'État en matière d'immigration dans l'intérêt de la sûreté générale et de l'hygiène publique ;

« Qu'il est de l'intérêt national que soit établie une coordination plus étroite entre les divers services ayant dans leurs attributions la main-d'œuvre étrangère et actuellement répartis entre plusieurs départements ministériels ;

« Considérant enfin qu'en ce qui concerne le recrutement des travailleurs étrangers c'est aux employeurs intéressés eux-mêmes qu'il appartient de l'assurer dans le cadre, le cas échéant, des traités internationaux.

« Emet le vœu :

« Que des mesures législatives soient adoptées en vue de préciser les droits des employeurs et des ouvriers de telle sorte que l'intervention administrative soit strictement limitée au contrôle de l'application de la loi ;

« Que les divers services administratifs chargés des questions intéressant l'immigration soient placés sous l'autorité d'un organisme central dépendant du Ministère des Affaires étrangères, seul qualifié pour traiter les questions d'immigration avec les gouvernements étrangers, et avec leurs représentants diplomatiques ou consulaires en France. »

surtout d'immigration. Les syndicats ouvriers, eux aussi, ont demandé que les services actuels soient modifiés, en vue de donner des garanties aux ouvriers français et aussi aux travailleurs étrangers.

Au Parlement, la Commission des Finances, celle de la Chambre et celle du Sénat, a appelé à plusieurs reprises l'attention du gouvernement sur la nécessité de perfectionner les méthodes et de modifier l'organisation des services. En 1921, M. de Warren, député de Meurthe-et-Moselle, et 150 de ses collègues ont déposé une proposition de loi relative aux services d'immigration. Enfin, le 12 octobre dernier, le gouvernement a déposé un projet de loi portant création d'un Office national de l'immigration et dont voici les dispositions essentielles.

Il est créé un Office national de l'immigration qui est rattaché au Ministère des Affaires étrangères. Il a notamment pour attributions :

« L'introduction de la main-d'œuvre étrangère ou coloniale dans les limites et conditions approuvées par les Ministres compétents, ainsi que les conditions de l'établissement de cette main d'œuvre en France ; le contrôle du recrutement sur place, ainsi que le contrôle de la réception et de l'hébergement des travailleurs introduits par des organisations industrielles ou agricoles et, éventuellement, de leur rapatriement ; la surveillance de l'application des dispositions spéciales contenues dans les traités et conventions de travail et dans les contrats de travail des ouvriers étrangers ».

L'Office national de l'immigration aurait ainsi qualité pour surveiller, à l'intérieur du pays, l'application des dispositions contenues dans les traités de travail passés par la France avec les Etats étrangers. Or, vous savez qu'actuellement des traités ont été conclus avec l'Italie, la

Pologne et la Tchéco-Slovaquie ; en outre, des traités avec plusieurs autres pays sont à l'étude. Il paraît résulter du texte que l'Office de l'immigration aurait également qualité pour surveiller, à l'intérieur du pays, l'application des clauses insérées dans les contrats de travail des ouvriers étrangers. Mais on assure que, sur ce point, pour prévenir les difficultés entre les administrations, les commissions compétentes se proposent d'ajouter au texte : « La surveillance, en accord avec le Ministère du Travail, etc. ».

Une disposition du projet de loi prévoit que des organisations industrielles ou agricoles pourront introduire des ouvriers étrangers sous le contrôle de l'Office de l'immigration. Il convient de rappeler que, à l'heure actuelle, ce régime fonctionne au Ministère du Travail. Plusieurs organisations patronales ont été jugées comme offrant des garanties suffisantes et elles sont autorisées à recruter la main-d'œuvre à l'étranger, ces opérations étant simplement soumises à la frontière au contrôle des services compétents. Il en est ainsi notamment pour une organisation de l'industrie des mines et aussi pour une organisation agricole visant les régions dévastées. Quoi qu'il en soit, le projet de loi doit faire l'objet d'un rapport qui sera présenté par M. Désiré Ferry, député de Meurthe-et-Moselle, au nom de la Commission des Affaires étrangères.

Ce projet de loi et l'ensemble de la question de l'immigration ont donné lieu à de nombreux avis, de la part des intéressés. En particulier, voici des extraits de la résolution adoptée par la Confédération générale du travail au Congrès tenu en janvier dernier :

« La Commission chargée d'examiner les questions de placement et de main-d'œuvre étrangère a reconnu qu'elles sont intimement liées et qu'aucune solution ne saurait être trouvée au problème de la main-d'œuvre étrangère, sans une organisation méthodique et rationnelle du marché du travail en France.

. . . .

« Le projet de loi dont il s'agit a un défaut capital, c'est qu'il dessaisit le Ministère du Travail d'un département qui lui est propre pour le transférer au Ministère des Affaires étrangères.

. . . .

« La Commission estime que cet Office de l'immigration devrait être constitué comme les offices de placement paritaire, c'est-à-dire mi-partie par des représentants de l'industrie et de l'agriculture et mi-partie par les représentants des travailleurs désignés par la C. G. T., expression spécifique des intérêts ouvriers.

« La Commission est d'avis que cet Office doit être en rapports constants avec les offices départementaux de placement constitués sous la forme définie dans la première partie de ce rapport ».

Mais voici un document éminemment propre à projeter sur la question une lumière très vive. Ce sont des extraits du rapport présenté, au nom de la Commission des Finances de la Chambre, par notre éminent collègue, M. Boissard, député de la Côte-d'Or et rapporteur du budget du Ministère du Travail pour l'exercice 1923.

« D'une étude plus approfondie de la question, écrit M. Boissard, qui lui a été rendue possible grâce à l'abondance des renseignements mis à sa disposition par M. le Ministre du Travail et ses collaborateurs, il est résulté pour votre rapporteur la conviction qu'une refonte des services s'occupant du chômage, du placement et de la main-d'œuvre nationale et étrangère s'imposait et que de cette refonte on devait obtenir de notables économies d'énergies et d'argent.

. . . .

« Dans plusieurs grandes villes (Lyon, Marseille, Toulouse, Nantes), il existe à la fois un Office régional et un service de main-d'œuvre étrangère. Il est évident que ces deux services ne pourraient que gagner à être réunis, fusionnés et placés sous l'autorité d'un même chef de service.

« La coexistence séparée de ces deux services d'État entraîne des dépenses élevées et inutiles qui seraient notablement diminuées par leur réunion. Par ailleurs, il est facile de constater, par la lecture de la « Situation du Marché du Travail » que publie le *Journal Officiel*, que, d'une part, les services locaux de main-d'œuvre étrangère ne se bornent pas à faire du contrôle, mais qu'ils effectuent des placements d'ouvriers étrangers ; et que, d'autre part, les Offices départementaux des mêmes localités placent également des ouvriers étrangers. Ainsi, il s'exerce une sorte de concurrence entre des services publics ayant des attributions similaires. Ceci est, évidemment, abusif. Qu'il s'agisse d'ouvriers français ou de travailleurs étrangers, le placement proprement dit ne doit être fait, dans une même localité, que par une seule institution, c'est-à-dire par l'Office départemental ou le bureau municipal. C'était, d'ailleurs, la règle générale sagement prescrite par M. Jourdain, Ministre du Travail, dans une circulaire du 1er juillet 1920.

« Sur ce point encore, une réorganisation des services s'impose et cette réorganisation doit également aboutir à de sérieuses économies. Il est indispensable de réunir, dans chaque ville centre de région, l'Office régional et le service de main-d'œuvre étrangère et de les adjoindre à l'Office départemental de placement de cette même ville.

. . . .

« En ce qui concerne l'Office central de la main-d'œuvre nationale et le service central de la main-d'œuvre étrangère, il apparait très nettement qu'il est nécessaire de les coordonner étroitement : d'abord, pour réduire leurs dépenses et, ensuite, pour assurer l'unité de direction des divers services locaux.

« Il semble que le principe directeur, en la matière, devrait être que l'emploi le meilleur et le plus intense de la main-d'œuvre nationale est le but essentiel des institutions de placement et que les travailleurs étrangers ne doivent constituer qu'une main-d'œuvre de complément. D'où il suit logiquement qu'un seul service central doit pourvoir à cette œuvre de coordination, ce service comprenant deux sections : une pour la main-d'œuvre nationale et une pour la main-d'œuvre étrangère, les deux sections placées sous une direction unique.

« Le service ainsi réorganisé devrait avoir dans ses attributions les instructions générales aux services locaux, la coordination et le contrôle desdits services, la statistique du marché du travail et les publications.

« Quant à la mission de recrutement de la main-d'œuvre étrangère, elle devrait être, désormais, confiée à l'Office national d'immigration dont on demande de tous côtés, de manière si pressante, la constitution.

. . . .

« A l'Office national de l'immigration serait immédiatement passée la direction des centres d'hébergement et des postes de contrôle actuellement gérés par le service de la main-d'œuvre étrangère.

« L'Office aurait deux clients principaux : 1° le service

unifié de la main-d'œuvre, au Ministère du Travail ; 2° celui de la main-d'œuvre agricole, au Ministère de l'Agriculture, dans la mesure où l'on estimerait utile de le conserver.

« Le service unifié de la main-d'œuvre au Ministère du Travail comporterait :

« *a*) A Paris : un Office national de la main-d'œuvre placé sous l'autorité immédiate du Ministre et formant, dans l'avenir, avec la Direction du travail et la Direction des assurances sociales (remplaçant, après le vote de la loi actuellement en élaboration, la Direction des retraites ouvrières), le triptyque essentiel de ce département ministériel.

« Cet Office aurait deux sections principales : 1° main-d'œuvre nationale ; 2° main-d'œuvre étrangère.

« *b*) En province : un certain nombre d'Office régionaux dont le chef de service serait, autant que possible, le chef du service local de placement et dont les auxiliaires, pour la main-d'œuvre nationale et pour la main-d'œuvre étrangère, assureraient, sous une direction unique et en constante collaboration, toute la coordination du placement dans la région ».

Ainsi, avec l'autorité qu'il tient de sa qualité de rapporteur du budget et aussi de sa haute compétence dans les questions d'organisation du travail et de législation ouvrière, M. Boissard a tracé, dans ses lignes essentielles, un plan complet de réorganisation des services de main-d'œuvre.

Il a d'ailleurs obtenu, au cours de la récente discussion du budget, l'adhésion de principe du Ministre du Travail lui-même. En effet, M. Albert Peyronnet s'est exprimé comme suit :

« Messieurs, la question de la main-d'œuvre m'a également préoccupé. Vous savez la place qu'elle tient dans le relèvement du pays. C'est un fait que nous y recourons de plus en plus. Mais, pour qu'elle donne son maximum de rendement, il importe d'envisager une réorganisation des services, en communauté de vues avec votre rapporteur et pour répondre aux vœux plusieurs fois manifestés par votre commission des finances.

« Cette réorganisation doit aboutir à l'amélioration technique des services de placement, à une action plus méthodique et plus efficace et à une compression des dépenses.

« Mais cette réorganisation ne peut être réalisée que par la transformation des services actuels de la main-d'œuvre en un Office national.

« Cette transformation paraît devoir être envisagée comme corollaire à celle prévue par un projet de loi spécial d'un office d'immigration, ce dernier chargé de recruter à l'étranger la main-d'œuvre et de l'amener en France dans des dépôts d'hébergement. Le Ministre du Travail intervient alors, prend en charge cette main-d'œuvre par l'organe de l'Office national et la répartit, suivant l'état du marché du travail et les demandes dont il est saisi.

« Et le meilleur rendement des services de main-d'œuvre aura pour conséquence de diminuer le nombre des chômeurs. »

Comme vous le voyez, dans l'esprit du Ministre du Travail qui, ayant la direction supérieure des services, connaît mieux que personne leur fonctionnement, une réorganisation est utile, et le plan général de celle-ci est arrêté dès maintenant.

Mais la question revêt parfois une forme irritante, et,

à ce sujet, je rappelle d'un mot l'incident qui s'est produit à la Chambre au cours de la discussion du budget. M. Emmanuel Brousse a cru devoir proposer la suppression pure et simple des crédits, d'ailleurs modestes, assurant le fonctionnement des services de main-d'œuvre étrangère. Une discussion brève, mais un peu vive, s'est engagée entre M. Brousse, le Ministre et le rapporteur du budget.

La proposition ne pouvait pas être votée, mais il a été entendu qu'il serait procédé dès que possible à la réorganisation des services. Et au Sénat, dans son rapport sur le budget du Ministère du Travail, M. le sénateur Louis Pasquet a pris acte de cette promesse.

IV. — *Examen des vœux proposés.*

J'ai ainsi achevé ma tâche, essentiellement documentaire. Par des statistiques, des documents et des opinions autorisées, j'ai essayé de vous montrer l'importance prise, au cours de ces dernières années, par les questions de main-d'œuvre étrangère. Comme conclusion, je voudrais simplement soumettre à votre examen quelques vœux portant, non sur les services et leur fonctionnement, mais sur les principes généraux qui doivent guider l'action dans un domaine chaque jour plus important. Définir ces principes est bien, je crois, le rôle d'une association comme la nôtre qui entend servir les intérêts du travail sans compromettre jamais ceux de la production.

Un pays qui est dans l'obligation de faire appel au concours de la main-d'œuvre étrangère doit avoir à son égard une attitude, on pourrait dire une politique, et celle-ci repose sur un certain nombre de principes qu'il importe de déterminer, si l'on veut réduire au minimum les difficultés qui peuvent se produire.

En vue de rechercher avec vous ces principes, je vous présente trois vœux seulement. Pour l'instant, il suffit de vous indiquer leur objet, me réservant de les commenter plus amplement lors de leur discussion.

Un premier vœu rappelle que, dans le domaine du travail, la priorité doit, en principe, appartenir dans chaque profession aux travailleurs français. Il semble que ce ne soit là qu'une clause de style. Pourtant, dans la pratique quotidienne, ce principe soulève d'assez réelles difficultés et fréquemment il faut concilier des intérêts contradictoires. D'où l'utilité d'un principe directeur, étant entendu d'ailleurs qu'il doit être appliqué avec mesure et dans un esprit conciliant.

Le deuxième vœu porte sur le régime général qu'il convient d'assurer à la main-d'œuvre étrangère. Nous sommes et nous resterons longtemps un pays d'immigration. Nous devons donc adopter les principes qui conviennent à un pays ayant besoin du concours des travailleurs étrangers. Le vœu proposé note d'abord que les immigrants ont droit à un traitement équitable et bienveillant. Le texte précise ensuite une série de conditions qui paraissent propres à faire passer dans la réalité ces sentiments d'équité et de bienveillance : salaire normal et courant ; logement et nourriture assurés ; secours d'urgence ; bénéfice des lois sur le travail, les assurances, les syndicats et associations, etc.

Un troisième et dernier vœu appelle l'attention sur un intérêt vraiment national en affirmant qu'il importe d'avoir toujours plusieurs sources de recrutement des immigrants. Dans les pays d'émigration, les gouvernements et les autorités compétentes nous observent avec vigilance. Il n'y a pas lieu d'en être surpris ; c'est tout à fait compréhensible. Dès qu'il a dans un pays une certaine quantité d'émigrants, le gouvernement de ce pays ne peut les abandonner ; il doit, au contraire, leur assurer sa protection, le cas échéant. Il faut donc admettre en principe que les gouvernements des pays d'émigration veillent sur les intérêts de leurs nationaux pendant qu'ils résident et travaillent avec nous.

Mais notre pays doit néanmoins conserver, non seulement ses droits souverains, mais son autorité sur tous ceux qui résident sur le territoire, y compris les immigrants. D'autre part, il doit aussi faciliter le recrutement de la main-d'œuvre immigrante dont la production a besoin. Il faut donc qu'il puisse, le cas échéant, refuser l'entrée des immigrants qui, soutenus ou non par leur gouvernement, voudraient imposer des conditions excessives. Pour ces divers motifs, il importe que nous ayons toujours plusieurs sources de recrutement. En fait, nous sommes favorisés puisque nous disposons actuellement de quatre et même cinq sources principales de recrutement : une est assez éloignée, mais les quatre autres se trouvent parmi les États limitrophes.

Il importe de conserver des sources de recrutement des travailleurs dans les pays voisins du nôtre ; c'est un avantage à plusieurs titres et spécialement en cas de crise de chômage ; grâce à cette situation de fait, les difficultés ont été réduites au minimum lors de la crise de 1920-1921. Mais il importe plus encore que nous puissions recruter simultanément, dans plusieurs pays différents, les travailleurs dont nous avons besoin. Il en résulte un avantage quant à la variété des professions exercées par les immigrants et la qualité professionnelle de ces derniers. En outre, l'abondance des sources de recrutement permet, non seulement de choisir les meilleures, mais aussi de maintenir des conditions de travail raisonnables et des salaires normaux et courants dans chaque industrie, en dépit de la tendance inévitable des immigrés à tirer le plus grand profit possible du concours économique qu'ils nous apportent.

Pour ces raisons, trop brièvement exposées, je soumets à votre examen les vœux dont le texte suit :

V. — *Projet de vœux*

L'Association pour la protection légale des travailleurs émet les vœux suivants :

I. — Les opérations de recrutement, introduction et placement des travailleurs étrangers doivent être effectuées conformément au principe que la main d'œuvre étrangère n'est et ne doit être qu'une main-d'œuvre de complément et que, par suite, dans chaque profession, la priorité doit toujours être donnée aux travailleurs français.

II. — Les travailleurs étrangers qui apportent le concours précieux de leur activité productrice ont droit, de la part des employeurs et des autorités publiques, à un traitement équitable et bienveillant : salaire normal et courant des travailleurs français ; logement et nourriture convenablement assurés ; secours et assistance en cas d'accidents et de maladie ; bénéfice des lois sur le travail, les assurances sociales, les syndicats et associations ; protection vigilante des services publics de main-d'œuvre ; protection générale des autorités et administrations publiques pour eux et, le cas échéant, leur famille.

III. — Il y a intérêt pour le pays, au double point de vue

technique et social, à ce que les travailleurs immigrants soient recrutés, comme à l'heure actuelle, dans plusieurs États différents.

COMPTE RENDU DES DISCUSSIONS

M. LEROLLE. — Je remercie M. Fagnot de sa très intéressante communication, dont les chiffres ont particulièrement attiré notre attention. Je garde devant moi les vœux proposés par lui, et je donne la parole à M. Brancher.

M. BRANCHER. — On reste profondément étonné que la si importante question de l'organisation des services de la main-d'œuvre française et étrangère soit actuellement au Gouvernement et au Parlement à l'état que nous constatons.

On a bien l'intention d'améliorer la situation ; mais il n'en est pas moins fort regrettable après les expériences faites et les études auxquelles il a été procédé que, pour une affaire d'une aussi grande portée économique, sociale et politique, on en soit encore à la période de tâtonnements et que, pour en sortir, on en soit réduit à la formule des petits paquets.

Le problème mériterait, semble-t-il, l'établissement d'un programme plus ample pour parvenir à une solution d'ensemble, répondant exactement aux intérêts généraux en jeu. C'est pour cette raison que j'ai cru devoir présenter une conception nouvelle sous la forme d'un essai de proposition de loi :

ARTICLE PREMIER. — Il est créé un Office national de la main-d'œuvre française et étrangère, rattaché budgétairement au Ministère du Travail et doté de la personnalité civile et de l'autonomie financière.

ART. 2. — L'Office national a dans ses attributions :

Toutes les questions et opérations relatives au marché du travail ;

Toutes les questions et opérations relatives au recrutement à l'étranger, à l'introduction, aux conditions de répartition et d'établissement des travailleurs immigrants.

ART. 3. A cet effet, il dirige, contrôle et administre tous les établissements publics de placement, les bureaux d'immigration et les missions de recrutement auxquelles sont attachés, pour le contrôle des aptitudes des travailleurs recrutés, des agents techniques représentant les associations professionnelles

ART. 4. — L'Office national est administré par un Conseil d'administration composé pour un quart de membres du Parlement, pour un quart de représentants des ministères intéressés, pour un quart de représentants des groupements professionnels patronaux et pour un quart de représentants des groupements professionnels ouvriers.

ART. 5. — Ses ressources comprennent :

Les subventions de l'État, des départements et des communes ;

Le remboursement par les employeurs des frais occasionnés par les opérations d'immigration ,

Les dons, legs, libéralites et fonds de concours de toute nature et de toute provenance qui lui seraient attribués ;

Toutes autres ressources qui pourraient lui être affectées par les dispositions législatives.

ART. 6. — A dater de sa constitution, l'Office national sera subrogé, pour l'exercice des attributions qui lui sont conférées par la présente loi, dans tous les droits mobiliers et immobiliers appartenant aux ministères intéressés.

ART. 7. — L'Office national comprend trois sections :

Une section industrielle et commerciale ;

Une section agricole ;

Une section de l'immigration.

Chaque section comporte un Comité consultatif, dépendant du Conseil d'administration.

Le premier est présidé par le représentant du Ministère du Travail ; le deuxième, par le représentant du Ministère de l'Agriculture ; le troisième, par le représentant du Ministère des Affaires étrangères.

Art. 8. — Cette organisation centrale est complétée :

1° Par les Offices régionaux de placement, les Offices départementaux et locaux.

Chacune de ces institutions peut comporter une section spéciale agricole, s'il en est ainsi décide par les Conseils généraux et les Offices agricoles régionaux et départementaux ;

2° Par les bureaux d'immigration et les missions de recrutement a l'étranger qui, eux aussi, peuvent comporter des sections spéciales agricoles, s'il en est ainsi décidé par le Conseil d'administration de l'Office national.

Art. 9 En cas de suppression de l'Office national, son actif sera versé au Trésor, à l'exception des valeurs provenant des dons, legs ou libéralités qui seront attribuées, par décret rendu en Conseil d'Etat, à des etablissements publics ou reconnus d'utilité publique susceptibles d'exécuter les intentions des donateurs.

Art. 10. — Un rapport annuel sur le fonctionnement de l'Office national sera adresse au Président de la République.

Ce rapport sera publié au *Journal officiel.*

Art. 11. — Un décret rendu en Conseil des Ministres fixera les dispositions générales prises relativement à chacun des organismes administratifs prévus et déterminera les mesures d exécution nécessaires à l application de la présente loi.

La forme « Office », établissement public doté de la personnalité civile et de l'autonomie financière, est proposée pour deux raisons :

a) Elle permettra, d'un côté : 1° d'éviter les conflits d'attributions de la part des départements ministériels ; 2° d'éviter les oppositions d'ordre parlementaire et d'ordre professionnel, qui se sont manifestées à maintes reprises depuis plusieurs années, au sujet de la compétence administrative.

b) Elle permettra, d'un autre côté, vu le genre d'opérations dont l'institution aura a assurer l'exécution, de lui donner une souplesse analogue à celle nécessaire à une entreprise commerciale ou industrielle où les affaires doivent être suivies et réglées avec célérité.

Au point de vue financier, il sera indispensable de manœuvrer avec plus de rapidité et de liberté que ne le permettent les règles de la comptabilité publique. Au surplus, la forme « Office » est du plus haut intérêt en ce qui concerne l'allégement de la charge budgétaire, des recettes importantes pouvant être, en l'espèce, considérées comme certaines.

Ce système soulève deux objections :

On peut craindre qu'il porte atteinte à l'autorité gouvernementale et qu'il rende difficile le contrôle financier.

Ces appréhensions disparaîtront si l'on prend la peine, dans le décret d'administration publique qui sera le complément du texte législatif, de déterminer nettement les mesures d'autorité et de contrôle financier.

Pour les premières : Un seul ministre responsable devant le Parlement, du fait du rattachement budgétaire à son département. En conséquence, unité d'action.

Pour les secondes : Malgré la latitude laissée à la direction de l'institution, l'importance de celle-ci sera telle qu'un représentant du Ministère des Finances pourrait lui être attaché en vue de tous contrôles utiles.

En ce qui concerne le sectionnement de l'Office national, on peut le commenter de la manière suivante :

1° *Pour la section industrielle et commerciale.* — Cette

section remplacerait l'Office central de placement. Elle n'aurait pas à s'occuper directement de placement, ce soin étant réservé aux Offices régionaux, départementaux et autres.

Son rôle serait de direction générale, de coordination et de contrôle.

Son Comité consultatif, présidé par le représentant du Ministre du Travail, serait composé de membres qualifiés du Conseil d'administration ;

2° *Pour la section agricole.* — Cette section remplacerait le service de la main-d'œuvre agricole.

Son Comité consultatif, présidé par le représentant du Ministre de l'Agriculture, serait composé de membres qualifiés du Conseil d'administration ;

3° *Pour la section de l'immigration.* — Cette section, que l'on pourrait considérer en quelque sorte comme une annexe des deux précédentes, puisqu'il ne s'agit en l'espèce que de main-d'œuvre de complément, s'occuperait exclusivement des questions d'immigration, des missions à l'étranger et des bureaux d'immigration. Elle remplacerait les services existant actuellement dans différents ministères.

Son Comité consultatif, présidé par le représentant du Ministre des Affaires étrangères, serait composé de membres qualifiés du Conseil d'administration, autant que possible membres déjà des Comités consultatifs des deux autres sections, pour permettre la liaison parfaite entre les différents organes de l'institution.

De cette organisation qui apparaît désormais comme une nécessité, toutes expériences ayant été faites, résulteraient :

1° L'unité de vues et de méthode par l'Office national, organe de direction générale ;

2° La coordination des moyens employés et l'harmonie dans les résultats par le jeu régulier des différents organes d'exécution, sections et services divers ;

3° Des économies, puisque les frais pourraient être diminués en réunissant les services épars et des recettes effectuées;

4° Et, enfin, peut-être la collaboration si désirable de deux parties intéressées : chefs d'entreprise et travailleurs.

Voilà ce que j'avais à vous communiquer.

M. Lerolle. — Je remercie M. Brancher d'avoir bien voulu nous faire part de ses vues personnelles sur le problème de l'immigration. Nous allons maintenant donner la parole à M. Oualid pour la discussion des vœux qu'il nous a proposés à la dernière séance (1).

DISCUSSION DES VŒUX

M. Oualid. — Mon rôle sera très simple aujourd'hui. Je me bornerai à reprendre les vœux que j'avais présentés à la dernière réunion.

Premier vœu.

« L'Association pour la protection légale des travailleurs :

« Considérant que l'assistance médicale constitue le besoin le plus urgent à satisfaire pour les immigrants appartenant à des pays non liés à la France par des conventions la leur assurant ;

« Mais considérant aussi, d'une part, que les nécessités budgétaires commandent le plus grand ménagement dans l'emploi des deniers publics, d'autre part, que les travailleurs étrangers échappent, en fait, faute d'une résidence continue, aux contributions directes acquittées par les Français, et notamment à l'impôt sur les salaires et à la contribution personnelle et mobilière, ainsi qu'aux centimes additionnels départementaux et communaux assis sur cette dernière, lesquels constituent une res-

(1) Voir le rapport présenté par M. Oualid sur l'aspect juridique de l'immigration ouvrière à la séance du 21 mars 1923.

source importante des communes et des départements chargés de l'assistance médicale,

« Emet le vœu :

« Qu'en attendant le vote du projet de loi sur les assurances sociales et une réforme de la loi fiscale propre à faire mieux contribuer les travailleurs étrangers aux dépenses publiques, l'assistance médicale soit assurée dans les meilleures conditions possibles aux travailleurs étrangers ressortissant de pays n'ayant pas conclu avec la France de convention sur cette matière, notamment en généralisant les clauses contenues dans les contrats-types d'ouvriers étrangers, stipulant pour l'employeur l'obligation de leur garantir, en cas de maladie, le logement, l'alimentation et les soins médicaux et pharmaceutiques, moyennant une retenue sur le salaire, dont le montant maximum serait fixé en proportion de la durée des soins garantis. »

Il s'agit de deux points. D'une part, le besoin le plus immédiat pour les travailleurs étrangers dépourvus de ressources et résidant en France est le besoin de secours médicaux lorsqu'ils sont indigents. La loi de 1892 sur l'assistance médicale est assez cruelle, en ce sens qu'elle n'accorde le droit aux secours médicaux qu'aux étrangers ayant leur domicile de secours en France, ou aux étrangers dont les Etats sont liés à la France, par convention assurant la réciprocité. Les traités de cette nature sont très peu nombreux, mais très nombreux les étrangers qui, malades en France, n'ont pas droit à des secours médicaux. De plus, ce sont des discussions continuelles entre les communes et le Ministère de l'Intérieur auquel la commune s'adresse pour obtenir la restitution des paiements.

Nous avons pensé qu'il y avait là une situation anormale, mais que ce n'était pas aux communes qu'il fallait imputer la charge de ces soins médicaux, étant donné que les étrangers ne contribuent pas en général à l'entretien des finances communales, puisqu'ils échappent à la contribution personnelle-mobilière, qui est la base sur laquelle sont assis les centimes additionnels départementaux et communaux, qui servent à l'entretien de la vie communale et à l'entretien des hôpitaux.

Que faire ? Nous avons trouvé une solution dans un précédent, celui que nous avons introduit dans nos contrats de travail types, et notamment dans notre contrat-type avec les ouvriers tchéco-slovaques. Je prends à dessein l'exemple des travailleurs tchéco-slovaques, parce que nous n'avons pas de convention d'assistance médicale avec la Tchéco-Slovaquie. En cas de maladie, les établissements employeurs assurent le logement, l'alimentation et les soins médicaux et pharmaceutiques pendant au moins huit semaines, aux ouvriers tchéco-slovaques, moyennant une retenue de 3 °/ₒ sur les salaires. Du reste, l'établissement employeur a le choix : ou bien faire donner lui-même les soins à domicile à l'ouvrier, ou hospitaliser l'ouvrier dans un établissement hospitalier public, à la charge par lui, employeur, d'acquitter tous les frais d'hospitalisation.

Il y a ainsi une sorte de mutualité ou de caisse mutuelle d'assurance à laquelle tout ouvrier étranger est assuré, assurance purement contractuelle d'ailleurs, puisque l'ouvrier consent par avance cette retenue.

Voilà quel est le but que nous avons poursuivi en proposant à votre approbation le premier vœu sur lequel nous sollicitons votre avis : il s'agit des ouvriers placés par l'entremise de l'Office. Les ouvriers étrangers qui se placent eux-mêmes, sans l'entremise de cet Office, ne seraient pas assujettis à cette retenue, et les patrons qui les emploient ne seraient pas assujettis à leur assurer des soins médicaux.

Un membre. — Mais si l'ouvrier une fois en France rompt son contrat, et se place, lui-même, chez un autre employeur, sans l'intermédiaire de l'Office, il sera privé des soins médicaux.

M. Oualid. — Evidemment : mais quel intérêt cet ouvrier aurait-il à ne pas renouveler son contrat ?

Un membre. — L'intérêt immédiat de ne pas subir la retenue contractuelle sur son salaire. En somme, votre système ne donne qu'une indication, qui ne se généralisera pas.

M. Oualid. — Il faut tenir compte qu'il y aura une tierce personne qui interviendra pour qu'on applique de plus en plus ces contrats : ce sera le gouvernement. Lorsqu'il lui sera soumis des plaintes ou des réclamations, il demandera qu'on tienne la main à ce que ces contrats soient respectés et que les placements ne se fassent que de cette manière.

Au fur et à mesure que nous nous éloignons de la guerre et que la réglementation de la circulation des étrangers se relâche, les pouvoirs de contrôle se relâchent également. Mais, en reliant les trois services: placement, recrutement et contrôle, à la surveillance de la circulation des étrangers en France, on peut obtenir assez facilement l'application de ces dispositions.

M. Brancher. — Supposons qu'un contrat arrive à sa fin normale ; toutes les fois qu'il sera terminé, pour que joue la mesure de M. Oualid, il faut qu'un nouveau contrat soit signé entre l'ouvrier et le patron. Or, la plupart du temps, surtout dans les milieux agricoles, les ouvriers rompent d'eux-mêmes leur contrat et disparaissent de la circulation. Alors, un jour ou l'autre, s'ils viennent demander des secours, ils se les verront donc refuser !

M. Oualid. — Il faut, évidemment, que l'ouvrier respecte le contrat, afin qu'il puisse en invoquer le bénéfice.

M. Fagnot. — Nous sommes en face d'une difficulté tout à fait réelle et pour laquelle il semble que nous devrions envisager deux solutions : une vaille que vaille, mais immédiate, ensuite une solution rationnelle et normale, mais plus lointaine. La solution proposée par M. Oualid pourrait être acceptée, faute de mieux. Il ne se passe presque pas de jour, que le maire d'une commune ne vienne demander des secours à l'État. Souvent il n'y a pas 100 étrangers dans la commune, mais ce sont quelquefois des personnes dont le pays d'origine est très loin, des Polonais ou des Russes, par exemple. Et il y a parmi eux des malades. La petite commune doit ou manquer au plus élémentaire devoir d'humanité, ou supporter des frais très lourds pour elle. Elle demande le remboursement par l'État des frais supportés par elle. C'est une situation de fait extrêmement fâcheuse. Dans ce cas qui est fréquent, il faut donc trouver un procédé.

Celui qui consiste à utiliser le contrat individuel est à la fois simple et ingénieux. Pourtant comment l'appliquer aux nombreux immigrés qui changent trop fréquemment d'emploi ? Comment l'appliquer dans l'agriculture ?

La situation actuelle doit retenir notre attention, car elle nous expose à des réclamations désagréables. Les consuls peuvent être saisis de cas de maladies aiguës, qui n'auront pas été soignées d'une manière convenable. Ils se plaindront vivement. Il peut y avoir des échos dans la presse ; le fait s'est produit dans le Sud-Ouest. Nous ne pouvons donc pas faire autrement que de mettre les cas de maladie à la charge de la commune. Mais la commune ne peut pas supporter ces frais en totalité. Ne serait-il pas permis de demander, comme solution immédiate, qu'un crédit fût inscrit au budget, permettant de rembourser à la commune une partie de ses frais ?

En ce qui concerne la solution normale, on peut se demander s'il convient de s'engager dans la voie de la retenue sur le salaire. C'est une solution fort désagréable pour le patron et peut être aussi pour tout le monde. Cette retenue peut nous attirer, quand elle sera un peu développée, des campagnes de presse. On dira que le patron français retient 3 % du salaire, alors que l'ouvrier n'est jamais malade. Je ne crois pas d'ailleurs que le traité avec l'Italie permettrait cette solution. Le patron ne peut pas, en règle générale, se charger de la protection de l'être humain contre le risque de maladie. C'est pour lui, dans certains cas, une source d'ennuis et de réclamations. C'est donc plutôt à l'un des organes de la collectivité que ces frais doivent incomber. Mais quelle est la meilleure formule ? Cependant M. Oualid a trouvé sa formule dans le traité tchéco-slovaque.

M. Oualid. — A la demande du gouvernement tchéco-slovaque, remarquez !

Un membre. — A quels ouvriers s'appliquerait exactement le projet de résolution qui nous est proposé ? Il ne s'appliquera, il me semble, qu'à un nombre assez restreint de travailleurs ?

M. Oualid. — Non, à un nombre assez considérable, au contraire. N'oublions pas qu'il n'est pas tout à fait nécessaire qu'il y ait un contrat-type de travail. Le simple fait pour un employeur de s'adresser à l'Office de placement pour demander un ouvrier étranger implique son adhésion aux conditions générales de placement de cet ouvrier, parmi lesquelles se trouve l'assistance médicale.

Un membre. — S'agit-il d'une loi ou d'un contrat?

M. Oualid. — Un employeur vient à l'Office de placement et dit : Donnez-moi des ouvriers étrangers. On lui répondra : D'accord, mais à condition que vous donnerez tel salaire dans telle condition d'emploi. Et il signera une formule par laquelle il s'engagera à accorder tels ou tels avantages.

Un membre. — L'engagement n'aura donc lieu que quand il y aura conventions avec l'Office de placement. Si l'étranger ne passe pas par l'Office de placement, il n'y aura pas de contrat et, s'il est malade, il ne pourra rien recevoir.

M. Oualid. — Nous avons affaire à des étrangers qui ne paient pas d'impôt, n'ayant en France aucun domicile ni résidence. Ils risquent beaucoup plus de tomber à la charge des communes que quand il s'agit de Français. Un Français malade est la plupart du temps traité chez lui par les soins de sa famille, il a un domicile de secours. D'autre part, ce Français, si minime que soit sa contribution aux dépenses publiques, y prend part. L'étranger n'a pas de domicile, pas de résidence et il échappe à toute obligation fiscale du Français. C'est pour répondre à cette situation et faire que ces ouvriers puissent se faire soigner gratis dans les hôpitaux, que nous proposons de leur imposer une retenue qui sera simplement le rétablissement d'un équilibre.

Evidemment, nous n'atteindrons pas toute la population étrangère, mais nous en atteindrons une certaine fraction. C'est une solution moyenne, une solution d'attente qui a l'avantage de pouvoir être réalisée sans intervention de traité ni législation nouvelle.

Un membre. — En fait, c'est une sorte d'assurance que vous voulez faire contracter à ces ouvriers. Ne vaudrait-il pas mieux employer le mot « assurance » plutôt que de dire « prélèvement sur les salaires de tant pour cent », ce qui peut avoir un côté désagréable?

M. Oualid. — En Tchéco-Slovaquie, en Alsace ou en Allemagne, ce prélèvement sur le salaire existe : les travailleurs étrangers y sont habitués.

Un membre. — Il ne faut pas oublier que nous avons affaire à des travailleurs venant d'autres pays que la Tchéco-Slovaquie, des pays avec lesquels nous n'avons aucun contrat, dont nous ne connaissons pas les habitudes. Lorsque ces travailleurs arrivent en France, si nous leur imposons d'autres habitudes que celles qu'ils ont chez eux, leur souplesse ne sera peut-être pas certaine.

M. Oualid. — Je le répète, nous ne pouvons accabler nos communes françaises, en mettant à leur charge les soins aux travailleurs étrangers D'autre part, nous désirons satisfaire le besoin d'humanité, qui veut que les travailleurs étrangers puissent recevoir des soins médicaux pendant un certain temps. Enfin, il n'est pas possible de mettre ces frais à la charge du budget national, puisque les étrangers ne contribuent pas. La solution, c'est de les faire contribuer aux charges des soins qui leur seront donnés.

M. Lerolle. — Que deviendra le prélèvement de 3 % une fois fait par le patron ? Celui-ci gardera-t-il ces sommes dans sa caisse ? Si oui, n'est-il pas à craindre que la solution proposée par M. Oualid ne se heurte à l'opposition des travailleurs, qui ne verront dans ce prélèvement qu'un moyen pour le patron d'augmenter ses bénéfices ?

M. Oualid. — On pourrait constituer une caisse d'assurance analogue à celle qui existe chez nous pour les ouvriers mineurs. N'oublions pas que nous avons des institutions du même genre parmi les mineurs. Il y a des retenues obligatoires sur le salaire des ouvriers Par conséquent, rien n'empêcherait, je crois, de faire une retenue de cette nature, à la condition que cette somme ne restât pas dans la caisse du patron.

M. Brancher. — Je partage votre manière de voir. C'est un fait certain, que si le patron conserve par devers lui la perception qu'il fera, l'effet sera désastreux. La formule est bonne, mais l'application est mauvaise. Ne pourrait-on pas trouver une autre formule ? Il est prévu, dans le projet de statut des étrangers qui est actuellement pendant devant le Parlement, que, dans certaines circonstances, l'ouvrier étranger paiera une taxe d'entrée. Eh bien ! le jour où l'ouvrier paiera, pour la délivrance de sa carte à la frontière, une somme de cinq francs, par exemple, que le même jour on lui fasse verser dans la caisse du Trésor public une somme supplémentaire de dix francs, laquelle serait affectée aux frais qui pourraient un jour résulter de son hospitalisation dans un hôpital. Si l'Office de l'immigration dont j'ai parlé avait l'autonomie financière et la personnalité civile, s'il pouvait encaisser cette somme, cet Office paierait les frais d'hospitalisation en cas de maladie du travailleur étranger.

M. Oualid. — Il y a une objection. Dans le traité franco-italien, il est interdit de percevoir une taxe sur les étrangers en tant que tels.

M. Brancher. — Le jour où l'on dira au gouvernement italien que, s'ils ne paient pas cette taxe, les ouvriers italiens ne se trouveront pas dans les mêmes conditions que les Français, au point de vue des secours, le gouvernement italien sera peut-être le premier à modifier le traité.

M. Lerolle. — Il semble que la solution proposée par M. Oualid ne résoudra la difficulté que dans un nombre de cas très restreint Ne faudrait-il pas chercher la solution dans une taxe communale perçue sur les ouvriers étrangers et affectée à une caisse spéciale d'hospitalisation ?

Un membre. — En raison de l'extrême mobilité de cette catégorie de travailleurs, j'ai beaucoup plus confiance dans le patron que dans le percepteur, comme agent de recouvrement effectif. Il me semble que la solution pourrait être tirée de la loi sur les sociétés de secours mutuels, qui autorise explicitement les sociétés de secours mutuels entre étrangers. L'adhésion d'un ouvrier étranger à une société de secours mutuels ne pourrait-elle pas constituer une clause du contrat d'embauchage, la cotisation étant partie à la charge de l'ouvrier, partie à la charge du patron ?

M. Oualid. — On pourrait rédiger ainsi le vœu proposé :

« Moyennant une cotisation retenue sur le salaire, dont le montant maximum serait fixé en proportion des services garantis et qui serait versée à une caisse d'assurance mutuelle ou à une société de secours mutuels. »

M. Fagnot. — Est-ce que M. Brancher est satisfait? En particulier, la solution proposée tient-elle suffisamment compte des ouvriers agricoles et du petit nombre de sociétés de secours mutuels formées par eux ? Je sais bien que dans tout département français, quelle que soit sa situation agricole, il existe un assez grand nombre de sociétés de secours mutuels. On pourrait contraindre l'ouvrier agricole à s'assurer et à envoyer sa cotisation à une caisse de son choix.

M. Oualid. — Accepteriez-vous la formule suivante? « Qu'en attendant le vote du projet de loi, etc., l'assistance médicale soit assurée dans les meilleures conditions possibles aux travailleurs étrangers, etc., moyennant une cotisation retenue sur le salaire, dont le montant maximum serait fixé en proportion de la durée des soins garantis, et serait versé à une société de secours mutuels, assurant, en cas de maladie, le logement, l'alimentation, les frais médicaux et pharmaceutiques. »

M. Fagnot. — Je crains que cela ne coûte cher. Evidemment, nous devons rester ce que nous sommes : des Français accueillants et disposés à remplir leur devoir d'humanité. Mais la guerre nous a un peu refroidis, car nous avons été souvent exploités par certains ouvriers étrangers. A l'heure actuelle, avec le salaire qu'il gagne, l'ouvrier étranger doit avoir souci d'assurer ses besoins d'aujourd'hui et ceux de demain. Il ne faut pas que toutes les charges nous incombent et que nous devions assurer le logement et l'alimentation. Si un ouvrier s'amuse, s'il mène une vie déréglée, le patron ne peut pas être obligé de subvenir à tous ses besoins.

Un membre. — La difficulté vient de ce que le vœu précise trop les secours à accorder à l'ouvrier étranger malade. Pourquoi ne pas dire seulement : « Assurant suivant ce qu'indique le contrat »?

M. Oualid. — Voyons les choses pratiquement. Quand un homme est malade, que devez-vous lui assurer? Le logement, la nourriture, les frais pharmaceutiques et médicaux.

Eh bien ! de deux choses l'une : ou bien, dans la localité où cet ouvrier tombe malade, il y a un hôpital, ou bien il n'y en a pas. Dans le premier cas, le patron fera hospitaliser l'ouvrier malade et paiera à la commune les frais d'hospitalisation. Dans le second cas il lui assurera les frais médicaux et pharmaceutiques, ainsi que le logement et l'alimentation dans le local qu'il habite, c'est-à-dire il lui assurera son entretien pendant la durée de sa maladie.

Voilà la solution pratique que je propose.

M. Fagnot — Cela coûtera cher au patron.

M. Oualid. — La retenue sera fixée en proportion de la durée des soins garantis

M. Brancher. — Cela n'est pas bien clair.

M. Oualid. — Qu'est-ce qui n'est pas clair? En proportion de la durée? Mais même dans les conventions visant la réciprocité, les Etats ne sont pas indefiniment respon sables : ils ne le sont très souvent que pendant 45 jours, ensuite l'ouvrier est soigné aux frais de l'État d'origine, ou, s'il est transportable, refoulé à la frontière de l'État d'origine. Nous n'assurons les soins que pendant un temps normal.

M. Fagnot. — Je reviens sur l'idée que j'ai déjà émise. Il faut que les étrangers paient pour subvenir à leurs besoins. Remarquez que, si nous faisons jouer la loi des grands nombres, nous arrivons à quelque chose de très anodin, mais il faut que l'individu paie. Le dernier des ouvriers français paie des impôts ou des taxes sous des formes diverses. D'ailleurs, le traité franco-italien contient la clause de réciprocité.

M. Oualid. — Elle est unilatérale, la réciprocité.

Voix diverses. — Très bien, très bien !

M. Lerolle. — Au fond, si on veut trouver une solution totale du problème, il faut la chercher dans une réforme de la loi fiscale.

M. Oualid. — J'ai prévu cette objection en disant dans le texte du vœu proposé : « Qu'en attendant le vote du projet de loi sur les assurances sociales et une *réforme de la loi fiscale propre à mieux faire contribuer*, etc. ».

M. Lerolle. Il me semble que la discussion est épuisée et que nous pourrions passer au vote.

Je mets aux voix le premier vœu de M. Oualid.

Le vœu est adopté à l'unanimité, moins deux voix.

Je donne lecture du deuxième vœu :

« Que les conventions internationales du travail relatives aux questions d'immigration et d'émigration, d'assurance, d'assistance et de prévoyance sociales revêtent la forme de conventions bilatérales de pays à pays plutôt que celle de conventions générales ouvertes, tant que les dispositions de législation intérieure des différents pays ne présenteront pas un degré suffisant d'uniformité et d'équivalence ».

Il n'y a pas d'opposition : le vœu est adopté.

Voici maintenant le troisième et dernier vœu :

« Que, conformément aux recommandations de la Conférence internationale de Genève de 1922 le Gouvernement français procède à l'élaboration de la définition du terme émigrant et à l'unification des relevés statistiques concernant l'émigration, l'immigration et le transit, en utilisant d'abord les données contenues dans la législation française existante et en se mettant d'accord pour commencer, et en raison des répercussions juridiques possibles de cette définition, avec les pays auxquels il est déjà lié par des conventions d'immigration et de travail ».

M. Oualid. — N'oublions pas que nos délégués à la Conférence de Genève ont à l'unanimité souscrit à ce vœu émis par le Bureau international du Travail.

M. Lerolle. — Je mets aux voix le troisième vœu.

Il est adopté.

Dans une prochaine séance nous aurons à discuter les vœux de M. Fagnot et les propositions de M. Brancher.

Séance du 28 Juin 1923

Présidence de M. ARTHUR FONTAINE, *président*

M. LE PRÉSIDENT. — Je donne la parole à M. Fagnot, rapporteur.

M. FAGNOT. — Le rapport que j'ai eu l'honneur de vous présenter le mois dernier était surtout une œuvre documentaire sur le mouvement de l'immigration au cours de ces dernières années et en particulier au cours de l'année 1922; pourtant il semble que le sujet comporte quelques conclusions d'ordre général et qu'il convient de vous soumettre à cet égard trois propositions. La première, qui ne paraît d'abord être qu'une clause de style, a pour but de réserver, dans les cadres de la production, la priorité aux travailleurs français en face des ouvriers immigrants.

Ce principe de priorité ne peut être contesté quand il s'agit du recrutement et de l'introduction des travailleurs étrangers. Il paraît s'appliquer également aux opérations de placement. Entre un ouvrier français qui est en chômage et un ouvrier étranger également sans travail, l'emploi vacant doit de préférence être donné à l'ouvrier français. Cependant, l'expérience qui se poursuit depuis que la main-d'œuvre étrangère tient une place assez importante tend à montrer que, en nombre de cas, la question n'est pas toujours simple dans la pratique.

Voici un exemple que connaissent bien nos distingués collègues, M. Fuster, président du Conseil d'administration, et M. Touzaa, directeur de l'Office départemental de placement de la Seine. L'industrie du bâtiment subit chaque année de fortes variations causées par les saisons. Or, les ouvriers étrangers, qui sont nombreux dans cette industrie, sont souvent recrutés pour une période de temps assez longue (six mois et quelquefois un an). Mais, dès l'approche de la saison d'hiver, le travail baisse et il diminue de plus en plus. En vertu du principe de priorité, il faut donc réserver les emplois de moins en moins nombreux aux ouvriers français. Il n'empêche que des ouvriers étrangers, dont le contrat de travail n'est pas encore terminé, conservent leur emploi, alors que des ouvriers français sont en chômage. Ainsi les intérêts des deux catégories de travailleurs se heurtent chaque année et il en résulte, pour les services de main-d'œuvre, une série de difficultés. D'ailleurs, sauf dans les périodes de très grande prospérité, des difficultés du même ordre se produisent fréquemment, sous des formes plus ou moins variées, dans presque toutes les industries.

Le principe de priorité doit donc être affirmé, car il répond à une nécessité. Il pourrait être formulé comme suit :

« Les opérations de recrutement, introduction et placement des travailleurs étrangers doivent être effectuées conformément au principe que la main-d'œuvre étrangère n'est et ne doit être qu'une main-d'œuvre de complément et que, par suite, dans chaque profession, la priorité doit toujours être donnée aux travailleurs français. »

M. le Président. — Le texte proposé par le rapporteur paraît englober deux cas très différents. Il signifie d'abord que, dans les localités où la main-d'œuvre française est suffisante, on ne doit pas introduire de travailleurs étrangers. Mais est-ce que le texte veut dire également que des travailleurs étrangers, une fois introduits, alors que les conditions générales du marché du travail s'y prêtaient, s'ils se présentent dans un office de placement, étant en chômage, ne seront pas placés à tour de rôle et qu'ils n'auront du travail que lorsque tous les ouvriers français seront placés?

M. Fagnot. — Il est assurément très sage de poser, surtout ici, des questions pratiques de cet ordre, mais il convient peut-être de laisser aux spécialistes, aux organismes qualifiés, le soin de les résoudre convenablement dans chaque cas d'espèce. Si, dans telle localité et pour telle profession, — le bâtiment est un exemple bien choisi, — il y avait des ouvriers français en chômage, et qu'à côté d'eux on applique indistinctement le tour de rôle à des ouvriers étrangers également en chômage, je craindrais fort que ce tour de rôle, appliqué d'une manière absolue aux deux catégories d'ouvriers, ne soulevât rapidement d'assez grosses difficultés aux offices publics de placement. Quoi qu'il en soit, le texte proposé se borne à poser simplement le principe de priorité.

M. le Président. — Il pourrait empêcher tout étranger de venir en France, car, tel qu'il est rédigé, il conduit à cette conclusion : voilà une période où il manque des travailleurs dans une profession et où normalement on a pu introduire des étrangers; mais l'étranger qui est inscrit dans un Office de placement parce qu'il est en chômage ne doit être placé que lorsqu'il n'y a aucun Français à placer. L'étranger est ainsi exposé à n'être jamais placé.

M. Fagnot. — C'est le cas extrême que vous envisagez.

M. le Président. — Il n'est pas extrême; il peut, au contraire, se produire fréquemment.

Un Assistant. — L'exemple du bâtiment n'est pas très

bon. L'engagement se fait dans cette industrie pour six mois et non pour un an. Par conséquent, il ne faut pas raisonner sur des engagements d'un an.

M. Fagnot. — Il n'empêche que des difficultés se produisent avec des engagements de six mois et même moins.

Un Assistant. — Je n'en ai pas rencontré. Je m'occupe de toute la question à la Fédération patronale du bâtiment et je n'ai pas encore eu de difficultés de cette nature.

M. Fagnot. — Les Offices de placement ont reçu, eux, des doléances émanant d'ouvriers du bâtiment.

Un Assistant. — Je ne vois pas encore comment.

M. Touzaa. — C'est sans doute parce que vous représentez la Fédération patronale du bâtiment, que vous avez un service de placement syndical, c'est-à-dire un bureau de placement privé. Mais les ouvriers qui s'adressent à vous, s'ils ne sont pas placés par vous, s'adressent ensuite aux Offices publics de placement. On comprend très bien que les difficultés signalées ne se produisent pas dans les bureaux privés et qu'elles se produisent dans les Offices publics. On comprend que les ouvriers nationaux puissent faire des reproches à un organisme officiel et qu'ils ne se plaignent pas à un bureau privé. Dès lors, il s'agit de savoir s'il faut établir la règle de priorité pour les Offices publics.

Un Assistant. — On comprend, en effet, qu'il ne se produise pas de difficultés pour un bureau privé. Les travailleurs français et étrangers se rendent compte qu'un bureau privé est libre de faire le placement comme il l'entend. Pour un Office public, c'est différent. On peut à ce dernier faire un grief de placer des étrangers au lieu de travailleurs français. La question posée est donc celle-ci : Pour les Offices publics, faut-il établir la règle de priorité du placement en faveur de l'ouvrier français? Pour ma part, je crois que c'est assez difficile.

M. le Président. — Jamais un étranger, dont le premier contrat aura été rompu, ne pourra retrouver un emploi avec cette formule-là. Il y aura toujours des difficultés.

M. Boissard. — On doit admettre l'introduction de la main-d'œuvre étrangère lorsqu'il n'y a pas de chômage dans la main-d'œuvre française et que la main-d'œuvre étrangère déjà introduite n'est pas suffisante. On doit limiter l'introduction de la main-d'œuvre étrangère, mais seulement lorsque du chômage se produit sur une place. En ce qui concerne le placement, la seule chose qu'un Office public puisse faire, c'est de placer les ouvriers dans l'ordre où ils viennent s'inscrire à l'office. Il appartient aux Offices de diriger les ouvriers, nationaux ou étrangers, sur une place où la main-d'œuvre manque, pour dégorger une place où il y a chômage; mais il ne me semble pas que, sur une place, l'Office puisse donner la priorité à l'ouvrier français en écartant délibérément les ouvriers étrangers.

M. le Président. — Nous sommes d'accord en ce qui concerne le recrutement. En outre, quand il y a chômage dans une localité, il faut tâcher de diriger sur une autre localité tout ou partie des ouvriers étrangers plutôt que les ouvriers français, parce que ces derniers sont attachés à la localité où le chômage se produit. Tout ceci est possible, mais la formule proposée est beaucoup trop tranchante.

M. Fagnot. — Vous admettez la formule en ce qui concerne les deux premiers points : recrutement et introduction.

M. le Président. — Pour le recrutement et l'introduction, ce n'est pas une véritable règle de priorité. La priorité ne peut s'appliquer qu'au placement. Le principe inscrit dans tous les traités, c'est que la main-d'œuvre étrangère vient suppléer la main-d'œuvre nationale. Si le travail diminue et que la main-d'œuvre soit trop abondante, aux termes des traités, on fait savoir à la main-d'œuvre étrangère qu'il y a du chômage et que les mesures prévues dans ce cas pourront être prises.

Un Assistant. — Il est un pays où les lois de l'immigration donnent un droit de préférence aux nationaux et prescrivent une réglementation à outrance, ce sont les Etats-Unis.

M. Fuster. — Cependant, tout ce que les Etats Unis ont pû faire, c'est de proportionner les immigrants au nombre des ouvriers nationaux et de stipuler, par exemple, que le nombre des immigrants possible serait limité à 3 % du total des nationaux. Mais, une fois que les immigrants sont entrés, qu'ils ont satisfait aux conditions sanitaires et autres, on ne les refoule plus; on doit donc les placer dans les mêmes conditions que les nationaux.

M. Fagnot. — En France, la situation n'est pas la même, surtout dans certaines professions. Il paraît résulter de la discussion qu'il ne faut pas viser, dans la même phrase, l'introduction et le placement. Mais il paraît nécessaire d'affirmer, dans le texte, non pas seulement le droit de diriger les immigrants sur d'autres localités, mais aussi le droit de limiter et de suspendre l'introduction, en cas de chômage, et aussi le droit de rapatrier les immigrants en cas de crise.

M. LE PRÉSIDENT. — On pourrait rédiger le texte comme suit : « Les opérations de recrutement et d'introduction doivent être conduites de manière à ne pas engendrer de chômage parmi les travailleurs français. » Pour engendrer du chômage parmi les travailleurs français, il ne suffit pas qu'un ouvrier français soit en chômage, il faut qu'il y ait dans la localité un surplus de travailleurs.

M. BOISSARD. — En effet, il ne faut pas que, d'une façon permanente, des ouvriers étrangers soient occupés alors que les ouvriers français sont en chômage.

M. TOUZAA. — Sans doute, mais il faut rappeler la cause des difficultés signalées. Le patron a pris l'engagement écrit de garder l'ouvrier étranger pendant trois ou six mois; un contrat le lie avec cet ouvrier. Alors, en cas de baisse de travail, le patron renvoie de préférence l'ouvrier français. Il convient de rappeler aussi que, pour les Italiens, les difficultés sont un peu moins grandes. En effet, en vertu du traité, une commission se réunit deux fois par an pour étudier la situation du marché du travail et régler l'immigration en tenant compte de cette situation.

M. FAGNOT. — La formule de M. le Président permet de supprimer le mot « priorité » qui avait paru dangereux.

M. FUSTER. — Si l'on avait ajouté au texte du rapporteur le mot « initial », la difficulté serait résolue. Mais on peut également adopter un texte stipulant que, dans chaque profession et dans chaque région, les opérations doivent être conduites de manière à ne pas engendrer de chômage parmi les travailleurs français.

M. Boissard. — Le texte aurait pour effet d'empêcher un afflux exagéré de main-d'œuvre.

M. Fagnot. — Il permet aussi de refouler la main-d'œuvre étrangère, en cas de chômage.

M. Boissard. — C'est la contre-partie. Il laisse toute la liberté utile en cas de nécessité.

M. le Président. — Notre rapporteur n'avait sans doute pas attaché au mot « priorité » un sens aussi précis. Je donne lecture du texte modifié :

« Les opérations de recrutement, introduction et placement des travailleurs étrangers doivent être effectuées conformément au principe que la main-d'œuvre étrangère n'est et ne doit être qu'une main-d'œuvre de complément. Ces opérations doivent être conduites de manière à ne pas engendrer de chômage parmi les travailleurs français. »

(Le texte, mis aux voix, est adopté à l'unanimité.)

M. Fagnot. — Le deuxième vœu porte sur un ordre d'idées très différent. Il s'agit de déterminer en principe quelle doit être l'attitude de tous, en particulier celle des services officiels de main-d'œuvre, des services professionnels aussi, à l'égard de la main-d'œuvre étrangère.

La France étant devenue un pays d'immigration, elle doit pratiquer une politique d'immigration. De bonne foi, avec sincérité, cette politique doit être accueillante et humaine à l'égard des immigrants. Grâce aux qualités naturelles des Français, nous bénéficions d'une bonne réputation dans le monde. Il importe que cette bonne réputation se répande dans les milieux économiques, dans les professions à l'étranger, si nous voulons avoir des immigrants en quantité suffisante, si nous voulons avoir surtout des immigrants ayant une réelle valeur professionnelle. Dans ce but, il paraît utile de déterminer, dans ses grandes lignes, notre attitude à l'égard des ouvriers étrangers qui nous apportent leur collaboration et leur travail, et voici le texte que je soumets à votre examen :

« Les travailleurs étrangers qui apportent le concours précieux de leur activité productrice ont droit, de la part des employeurs et des autorités publiques, à un traitement équitable et bienveillant : salaire normal et courant des travailleurs français ; logement et nourriture convenablement assurés ; secours d'urgence en cas d'accidents et de maladie ; bénéfice des lois sur le travail, les assurances sociales, les syndicats et associations ; protection vigilante des services publics de main-d'œuvre ; protection générale des autorités et administrations publiques pour eux et, le cas échéant, leur famille. »

M. Boissard. — Je suis d'accord avec notre rapporteur pour penser que cette affirmation de principe est utile, mais sous une restriction : c'est que cela n'ait pas l'air d'une innovation et que nous ne paraissions pas indiquer que, jusqu'à présent, les travailleurs étrangers n'ont pas bénéficié en France d'un traitement bienveillant. Il ne faut pas avoir l'air de reconnaître que, jusqu'à présent, notre pays a été moins libéral et généreux que d'autres. Je suis prêt à voter le texte proposé, à condition de mettre : « En droit, conformément à la tradition française constante. »

M. le Président. — Ce ne serait pas absolument exact ; le salaire normal et courant des travailleurs français, par exemple, ce n'est pas la tradition française constante ; c'est une chose assez nouvelle aussi d'avoir le logement et la nourriture convenablement assurés; quant aux lois d'assurance, le bénéfice, en principe, n'en est pas accordé à tous les ouvriers étrangers dans les mêmes conditions qu'aux Français. Il faut faire attention au texte proposé, car, dans les traités actuels, ce bénéfice n'est assuré qu'à titre de réciprocité.

M. Boissard. — Alors on pourrait dire : « Conformément à l'esprit traditionnel français ».

M. Fuster. — Le texte ne me paraît être qu'une simple confirmation de l'état de droit actuel.

M. le Président. — Je le répète, l'octroi du bénéfice des lois sur les assurances sociales constitue une innovation.

M. Fuster. — Evidemment, le texte doit se tenir dans la limite des traités; d'ailleurs, nous sommes déjà singulièrement généreux dans notre système français pour les travailleurs étrangers.

M. Fagnot. — Le texte entend accorder le bénéfice des lois sur le travail, sur l'assurance, mais des lois telles qu'elles sont en vigueur. Il ne s'agit pas de toucher un seul mot des lois actuelles sur les assurances ou sur le travail. Au surplus, le mot *assistance* ne figure pas dans le texte, parce qu'il soulèverait une question trop difficile.

M. Fuster. — Donc, le texte n'ajoute rien au régime actuel des traités.

M. Fagnot. — Il y a deux catégories essentielles de main-d'œuvre étrangère : celle qui est protégée par les traités en vigueur, les traités de travail et les traités d'assistance. Mais ces traités ne protègent que les ouvriers appartenant aux États signataires desdits traités. Or, il y a beaucoup d'ouvriers étrangers, à l'heure actuelle, chez nous, qui ne sont pas protégés par les traités en vigueur.

Quant au texte proposé, il précise simplement le sens des mots : *traitement équitable et bienveillant*. Il donne une énumération. Celle-ci contient peut-être des points dangereux. Vous en jugerez. Il ne semble pas qu'on puisse omettre de déclarer que la main-d'œuvre étrangère doit obtenir dans ce pays un salaire normal et courant, le logement et la nourriture, des secours d'urgence et le bénéfice des lois sur le travail, les assurances, les syndicats et associations.

M. Boissard. — Au même titre que les travailleurs français.

M. le Président. — Il faut distinguer diverses thèses dans cette question complexe des assurances sociales pour les ouvriers étrangers. D'abord la thèse simple : application de la législation nationale sans restrictions, avec ses charges et avantages, aux travailleurs étrangers ; ensuite la thèse de la réciprocité : application de la législation nationale aux travailleurs étrangers de tel pays, à condition que celui-ci garantisse par traité l'application de sa législation à nos nationaux travaillant sur son territoire ; enfin, la thèse de l'équivalence (qui suppose en outre la réciprocité) dans laquelle les deux pays limitent au besoin les avantages accordés par l'une des nations pour que, de part et d'autre, les avantages accordés aux travailleurs étrangers soient équivalents. Ce sont d'ailleurs des thèses qui comportent des mises au point : si le travailleur a fait ses versements pour la retraite successivement dans divers pays, si des rentes sont à payer en pays étranger, etc., etc. Les énoncés sont simples et les faits complexes. Et l'équivalence elle-même est un mot, alors que les bénéficiaires sont souvent en nombres très différents dans les deux pays qui concluent une convention.

Examinons le cas des accidents du travail. La loi française traite les ouvriers étrangers comme les nationaux, sauf en ce qui concerne les rentes à payer aux personnes qui n habitent pas la France. En ce qui concerne ces dernières, notre loi des accidents prévoit une réciprocité, subordonnée à l'équivalence, sous la garantie de conventions. La convention franco-italienne de 1905 a d'ailleurs cherché l'équivalence dans un ensemble de mesures qui n'est pas limité à la question des accidents, et ce à cause du faible nombre de travailleurs français en Italie.

Au congrès de Bâle en 1904, ce système s'est heurté à de fortes oppositions. Parmi les Français, M. Raoul Jay et, dans une certaine mesure, M. Millerand envisageaient un système plus large dans son principe. Et en dehors de cette contradiction de principe, les Belges, avant la convention franco-belge, m'ont souvent opposé, en matière d'accidents de travail, l'argumentation suivante :

A la différence des pensions de vieillesse, l'indemnité pour accident de travail n'est pas une libéralité, c'est la réparation, prévue dans tous les codes, du dommage causé à autrui. Cette réparation, qui dépendait, en vertu de l'article 1382 du Code civil, de la faute du patron, a été remplacée par une réparation forfaitaire dans laquelle on tient compte du pourcentage des fautes du patron, des fautes de l'ouvrier et des cas forfuits. On ne peut priver les victimes de cette réparation forfaitaire, née du principe : on doit réparer le dommage fait à autrui, dans la mesure de sa propre faute.

Ainsi donc, non seulement les principes sont divers, mais il faut tenir compte des matières auxquelles on les applique. Et il faut distinguer les cas où la justice et ceux où la bienveillance est en jeu.

M. Boissard. — Mais, quand la victime d'un accident n'a pas droit à la réparation forfaitaire, elle conserve le droit à l'application du droit commun ancien.

M. le Président. — Dans les métiers soumis à la réparation forfaitaire de la loi de 1898 (et ce sera bientôt toutes les industries, tout le commerce et toute l'agriculture), l'ouvrier étranger bénéficie d'une grande partie des indemnités forfaitaires; les exceptions ne portent que sur les rentes faites aux victimes ou ayants droit qui quittent la France et aux ayants droit qui habitent en pays étranger au moment de l'accident. Prenez un ouvrier étranger, dont le pays n'a pas de traité spécial avec nous, et qui soit tué dans un accident dû à la faute de l'entrepreneur. Supposez que sa femme et ses enfants n'habitent pas la France; ceux-ci n'auront pas d'indemnité en vertu de la loi de 1898 et ne pourront non plus invoquer l'article 1382 du Code civil. Cette disposition n'est d'ailleurs pas spéciale à la législation française: elle existe dans nombre d'autres. Elle explique que presque tous les pays intéressés aient conclu des conventions pour régler le cas d'une manière satisfaisante.

Je n'expose tout ceci que pour montrer la complexité du problème de l'assurance sociale des ouvriers étrangers et la trop grande simplicité de certaines formules.

M. Fagnot. — Je le répète, j'ai voulu faire une simple énumération, mais je n'ai nullement eu l'intention de toucher à un point quelconque de la législation française existant sur la matière.

Un Assistant. — Le rapporteur voudrait il expliquer ce terme : *protection vigilante* ?

M. Fagnot. — C'est tout à fait facile de vous donner satisfaction. Les étrangers, une fois chez nous, les services officiels de main-d'œuvre doivent s'efforcer de procurer un emploi convenable aux ouvriers étrangers qui se présentent à eux. Voilà le sens de *protection vigilante.*

M. le Président. — Nous n'avons jamais voulu admettre que les étrangers puissent exercer cette protection en France. Il faut donc que nous l'exercions nous-mêmes dans la mesure où cela peut être utile.

S'il n'y a plus d'observations, je mets le vœu aux voix.

Le vœu est adopté à l'unanimité.

M. Fagnot. — Je ne crois pas que le troisième vœu proposé puisse soulever une longue discussion, car il n'a pas la même importance que les deux précédents. Il est motivé par cette considération : un pays comme le nôtre, qui est appelé à avoir des immigrants en quantité relativement considérable, a un intérêt évident à ce que ces immigrants appartiennent à plusieurs nationalités. Nous avons eu des difficultés et nous en aurons plus encore dans l'avenir. Ces difficultés proviendront, soit des autorités étrangères, soit de la main-d'œuvre elle-même. Les ouvriers de chaque nationalité ont une psychologie qui leur est propre. En fait, nous avons l'heureuse fortune d'avoir des immigrants appartenant à trois ou même à quatre nationalités principales. Ces Etats sont situés au nord, au sud et à l'est. C'est un avantage qu'il faut savoir conserver, car il prévient tout empiétement sur notre liberté de mouvement, tout en nous assurant la main-d'œuvre nécessaire. Par ailleurs, il peut diminuer beaucoup les difficultés inévitables. Le texte proposé rappelle cet aspect de la question et tend à maintenir la situation actuelle.

M. le Président. — Je mets le vœu aux voix.

La proposition de M. Fagnot est acceptée à l'unanimité.

M. Boissard a déposé sur le bureau divers vœux complémentaires. Je lui donne la parole.

M. Boissard. — Je voudrais vous exposer en deux mots la genèse de ces vœux. Ils semblent la suite des vœux que nous venons de voter et concernent la réorganisation de notre régime de la main-d'œuvre étrangère et de l'immigration.

La question est d'ailleurs tout à fait à l'ordre du jour; elle préoccupe à l'heure actuelle, beaucoup, le Parlement qui est saisi de divers textes, d'une proposition de loi de mon collègue de Warren et de plusieurs autres collègues, et d'un projet du gouvernement déposé le 22 octobre dernier.

Je n'aurais point déposé de vœux concernant cette question, puisque je ne suis pas rapporteur, si nous ne nous étions pas trouvés en présence de vœux qui ont été déposés par M. Brancher.

Si j'ai présenté mes vœux comme contre-projet aux vœux de M. Brancher, voici pourquoi : il m'a semblé que ces vœux apportaient une solution très intéressante au problème de l'immigration et de la main-d'œuvre étrangère, mais dans un état social un peu théorique et qui ne correspond pas du tout à l'état politique actuel de notre pays.

On conçoit en matière d'introduction de main-d'œuvre étrangère deux situations bien différentes. Il en est une qui semble être la situation normale d'un temps de calme et de paix internationale. Ce serait la liberté complète de l'introduction de la main-d'œuvre étrangère par les individus ou les collectivités, liberténaturellement contrôlée, mais contrôlée dans la mesure seulement de nécessité de police et d'hygiène publiques.

Voilà un premier système, qui se conçoit théoriquement, et serait un régime idéal dans un état de paix internationale et de bienveillance réciproque.

Il y a un autre système qui se conçoit et s'impose en particulier dans l'état où nous sommes à l'heure actuelle. Nous nous trouvons en France en présence d'un besoin considérable de main-d'œuvre. Il y a lieu de pourvoir à ce qu'elle parvienne abondante, mais pas trop, pour ne pas étouffer le peu de main-d'œuvre qui nous reste. Donc, au point de vue de la protection sage de la main-d'œuvre nationale et du contrôle de cette main-d'œuvre étrangère qui entre en si grande quantité dans notre pays, puisque l'immigration approche, pour les années présentes, des chiffres de 200.000 à 250 000 immigrants étrangers par an, un contrôle — et un contrôle très strict de la part du gouvernement — est nécessaire.

Il y a là des prérogatives d'ordre national et gouvernemental auxquelles ne peut pas renoncer un gouvernement, quel qu'il soit, à l'heure actuelle. Si on laissait la liberté complète d'entrée de la main-d'œuvre, cela ferait courir, au point de vue national, des dangers considérables. Par conséquent, l'état actuel de nos besoins de main-d'œuvre impose, au lieu du régime de la liberté, un régime inverse, régime dans une certaine mesure de monopole étatique, tout en s'assurant dans la plus large mesure possible le concours des individus ou des collectivités qualifiés.

Le régime de M. Brancher est, si j'ose dire, un régime hybride ; il consiste dans la création d'un Office national de main-d'œuvre française et étrangère rattaché, budgétairement seulement, au ministère du Travail, et doté de la personnalité civile et de l'autonomie financière. Ce serait un organisme public officiel, qui monopoliserait l'introduction de la main-d'œuvre étrangère et réglementerait même la main-d'œuvre française à l'intérieur du pays, qui, par conséquent, serait largement exclusif des initiatives privées et aurait un caractère presque de monopole, et qui, d'autre part, échapperait au contrôle suffisamment direct et vigoureux du gouvernement.

Ce serait un Office rattaché budgétairement à un ministère, mais qui, d'autre part, ne dépendrait pas d'un ou de plusieurs ministres, si bien qu'il n'y aurait pas de personnalité gouvernementale responsable vis-à-vis du pays, au cas où cet Office se livrerait à des opérations qui pourraient être jugées dangereuses au point de vue de l'intérêt national. Evidemment, si cela se produisait, il y aurait des interpellations au Parlement, mais qu'est-ce qui répondrait, au point de vue du passé et de l'avenir, des agissements de cet Office devant le Parlement, puisqu'il serait indépendant de toute espèce de ministère. Il y a là, je le répète, un système hybride, qui n'est ni liberté ni contrôle, et en tout cas ne réserve pas le contrôle assez directement à la responsabilité de l'Etat.

C'est pourquoi j'ai repris comme contre-projet les vœux que je vous soumets : ils reproduisent à peu près les propositions que j'ai esquissées dans mon rapport de cette année, sur le budget du ministère du Travail, esquisse qui avait obtenu à la fois l'adhésion de la Commission des Finances et du Parlement.

Le but de ces vœux est le suivant : une réorganisation des services de l'immigration et de la main-d'œuvre étrangère dans un but à la fois de simplification et d'économie générale. Il semble qu'il y aurait lieu, à l'heure actuelle, de réorganiser les services de main-d'œuvre étrangère par leur groupement, d'une part, autour d'un Office central d'immigration, et, d'autre part, autour de divers organismes s'occupant de la main-d'œuvre nationale et étrangère à l'intérieur du pays. L'organisme d'immigration serait intimement rattaché au ministère des Affaires étrangères, qui, lui, est le mieux qualifié pour s'occuper des questions de recrutement sur place des travailleurs étrangers, d'entente avec les gouvernements dont ressortissent ces travailleurs, et aussi de surveillance de l'introduction de la main-d'œuvre étrangère au point de vue de l'intérêt national.

Cet Office d'immigration serait en somme une grande agence de recrutement de travailleurs étrangers, et il aurait deux clients : l'Office national de la main-d'œuvre, installé au ministère du Travail, et un service de la main-d'œuvre étrangère agricole installé au ministère de l'Agriculture. Donc, le ministère du Travail pour l'industrie et le commerce, et le ministère de l'Agriculture pour la main-d'œuvre agricole, seraient les deux clients qui viendraient adresser à l'Office d'immigration une véritable commande d'ouvriers en disant : « A telle date, nous avons besoin de tant d'ouvriers. » Et l'Office de l'immigration recruterait ces ouvriers en tenant compte des besoins qui lui auraient été exposés et en tâchant d'avoir la main-d'œuvre appropriée. Il les introduirait jusqu'aux dépôts des frontières, et c'est là que les deux services de la main-d'œuvre industrielle et commerciale, d'une part, et les services de l'agriculture, d'autre part, viendraient les prendre.

J'ai indiqué que, dans ce service ainsi organisé, il y aurait lieu de continuer, sous le contrôle du Gouvernement, à utiliser de plus en plus, le plus largement possible, le secours, la collaboration des collectivités qualifiées, des grandes associations patronales ou des associations ouvrières qui voudraient s'occuper de la question et voudraient collaborer au recrutement de la main-d'œuvre étrangère.

Mais il y a des dispositions d'entente à prendre entre les organismes gouvernementaux, d'une part, et ces associations. Il faut qu'il soit bien entendu qu'il est indispensable, étant données les conditions dans lesquelles nous sommes obligés de faire appel à la main-d'œuvre étrangère, que cet appel soit coordonné et soit toujours tenu très exactement en rapport avec les besoins et les exigences nationaux. C'est tout le but des vœux que je vous soumets.

M. le Président. — Je donne lecture des vœux proposés par M. Boissard.

A. — « Tout en reconnaissant pleinement les services considérables rendus par les organismes publics de main-d'œuvre créés et gérés par divers départements ministériels et très particulièrement par le ministère du Travail, avec le concours des départements et des communes, il apparaît comme indispensable, — dans un triple but de simplification, de coordination et d'économie, — de procéder à une réorganisation d'ensemble et méthodique de ces organismes sur les bases suivantes :

B. — « Ces organismes seraient réduits à trois services centraux :

« 1° Un *Office national de l'immigration*, rattaché au ministère des Affaires étrangères, conformément aux dispositions du projet de loi du 12 octobre 1922;

« 2° Un *Office national de la main-d'œuvre* groupant, au ministère du Travail, tous les services de main-d'œuvre et comportant deux sections principales : l'une pour la main-d'œuvre nationale et l autre pour la main-d'œuvre étrangère;

« 3° Un *service de la main-d'œuvre étrangère agricole* au ministère de l'Agriculture.

C. — « Les attributions respectives des trois services centraux seraient ainsi réparties :

« 1° L'Office national de l'immigration serait chargé de toutes les opérations effectuées à l'extérieur du pays, des négociations s'y rattachant et de l'administration des dépôts et contrôles de frontière (recrutement sur place et acheminement des travailleurs étrangers; conventions diplomatiques avec les gouvernements des pays d'origine de ces travailleurs; contrats d'engagement et de travail avec les individus ou les collectivités intéressés; vérifications de police et d'hygiène, etc.);

« 2° L'Office national de la main-d'œuvre serait chargé, à l'intérieur du pays, de la répartition, du placement, de la protection et du contrôle des immigrants destinés à l'industrie et au commerce;

« 3° Le service de la main-d'œuvre étrangère agricole aurait les mêmes attributions pour les immigrants destinés à l'agriculture.

D. — « Pour certaines professions spéciales, et ainsi que cela se pratique déjà de façon très satisfaisante, les opérations de recrutement et d'introduction des travailleurs étrangers pourraient être confiées à des associations privées offrant des garanties suffisantes. Les services publics centraux resteraient chargés, à l'extérieur et à l'intérieur, du contrôle desdites opérations.

E. — « Localement, le placement des immigrants serait effectué, comme celui des travailleurs nationaux, par un service public unique : l'Office départemental ou municipal de placement.

« Le contrôle de ces Offices locaux et l'interplacement seraient confiés aux organes *régionaux* (au nombre de neuf ou dix) de l'Office national de la main-d'œuvre. »

M. Fuster. — Je voudrais insister sur un point qui, pour moi, est particulièrement intéressant dans les vœux de M. Boissard. Vous avez parlé du sommet de la pyramide, de ce qu'il y aura à Paris comme grand Office central. Permettez-moi de regarder ce qui se passera dans la réalité des faits, dans la périphérie capillaire de la vie économique, parce que c'est la réalisation des placements qui importe le plus.

Ce qui me paraît très important dans la proposition Brancher et dans la proposition Boissard, c'est l'affirmation définitive, qui n'avait pas encore été faite, je crois, que le placement doit être confié principalement aux Offices publics de placement.

Vous affirmez par votre dernier paragraphe l'existence, comme organe exclusif du placement, des Offices départementaux ou municipaux de placement. Je parle ici comme directeur de l'Office départemental de placement de la Seine, et je suis d'accord avec tous les Offices de placement départementaux dont les opinions ont été très nettement exprimées dans les conférences nationales : nous approuvons votre manière de dire que, localement, le placement des immigrants sera effectué par un service unique : l'Office départemental ou municipal de placement.

Nous ajouterions volontiers, modifiant un peu votre

texte de la fin, que le contrôle de ces Offices locaux serait confié à l'Office national de la main-d'œuvre, qui pourrait déléguer à des Offices régionaux tout ou partie de ses attributions, et notamment le placement interdépartemental.

Ainsi nous aurions localement, dans les agglomérations importantes, des Offices municipaux ; aux chefs-lieux, un Office départemental faisant le placement interlocal dans le cadre du département; huit ou neuf Offices régionaux correspondant à de grandes régions économiques feraient la ventilation du placement interdépartemental, et l'Office national de la main-d'œuvre (l'Office central) serait chargé de faire le placement interrégional et d'être en rapport direct avec les représentants du service de recrutement à l'étranger.

Reste la question la plus grave, la question des rapports avec l'agriculture.

Vous dites qu'à la base de la pyramide il y a le placement unique. Nous n'allons pas jusque-là. Je voudrais qu'il y eût de droit, dans toute commission administrative d'Offices de placement, une représentation des services d'agriculture, à savoir : en fait, le directeur départemental des services de l'agriculture. La liaison serait ainsi établie entre celui qui étudierait le baromètre de la demande et de l'offre de main-d'œuvre industrielle et commerciale et celui qui connaît probablement le mieux les besoins de la main-d'œuvre tant permanente que saisonnière dans l'agriculture.

Il faut également une participation des compétences agricoles à la tête, à l'Office de la main-d'œuvre. J'introduis là une nuance probablement importante pour vous. Vous avez parlé de deux services ayant véritablement droits égaux. Je ne partage pas votre avis.

Pour moi, je conçois différemment l'organisation de ces services. Je voudrais qu'ils fussent constitués comme des services de renseignements, de telle façon que les mouvements de la main-d'œuvre fussent constamment connus grâce à une série de compétences, d'experts, échelonnés de bas en haut, les uns de caractère industriel et commercial, les autres de caractère agricole, dont les avis formeraient une consultation à la disposition du chef de l'Office national, qui, ainsi documenté, pourrait, en connaissance de cause, déclancher l'intervention du ministère des Affaires étrangères, pour faire venir les ouvriers étrangers nécessaires aux industries ou à l'agriculture.

Cette collaboration d'experts agricoles et industriels avec la direction de l'Office national de la main-d'œuvre empêcherait la scission dont nous souffrons à l'heure actuelle entre services industriels et services agricoles.

Il n'est pas besoin de rappeler qu'il est absurde, anti-économique, particulièrement anti-français de maintenir cette scission entre la vie agricole et la vie industrielle ou commerciale française. Nous voyons que certains de nos services départementaux et locaux ont un afflux et reflux constant d'individus venant de la vie rurale, allant à la vie industrielle et revenant de la vie industrielle à la vie rurale. Il suffit d'avoir la moindre notion de nos statistiques et la moindre observation de ce qui se passe dans les provinces et même dans la population de grandes villes, pour constater qu'en France, plus que partout ailleurs, il y a interchangeabilité entre les deux parties de la population, qui, suivant les âges, est industrielle ou commerciale, puis redevient rurale. Et cependant, trop souvent, les deux services de main-d'œuvre s'ignorent. C'est, je le répète, anti-économique.

Je souhaite donc ardemment que vous introduisiez

libéralement une participation des services agricoles à tous les échelons, mais que l'échelon suprême qu'est le service de main-d'œuvre agricole étrangère au ministère de l'Agriculture ne soit qu'un organe de service et ne se substitue pas à l'Office national de la main-d'œuvre.

M. Boissard. — Je tiens d'abord à indiquer que, dans le paragraphe E de mes vœux, j'ai seulement émis le souhait que soient unifiés les services publics de placement, étant donné que leur multiplication, à l'heure actuelle, crée une complication et une déperdition de force tout à fait inutile ; mais j'ai réservé la liberté de tous les placements privés

Je crois qu'il est essentiel d'unifier les services de placement publics, aussi bien au point de vue de la circonscription que de la compétence, et de faire que ce soit le même service qui fasse les placements agricoles en même temps que les placements industriels et commerciaux.

D'ailleurs, je serais tout à fait disposé, pour donner satisfaction à la remarque très intéressante de M. Fuster, à m'inspirer d'un point de la rédaction de M. Brancher, qui, dans l'article 8 de ses vœux, indique précisément, au point de vue de la composition locale des organismes de placement, que chacune de ces institutions pourrait comporter un représentant spécial agricole, si la chose en était ainsi décidée ou demandée par les Offices. Mais, pour l'échelon supérieur, je crois qu'on susciterait une opposition très grande du ministère de l'Agriculture au vote du texte que nous souhaitons voir sortir des délibérations du Parlement, si on limitait son rôle en matière de main-d'œuvre agricole étrangère uniquement à une espèce de contrôle ou de conseil technique.

Le ministère de l'Agriculture est, en effet, très hostile à ce qu'on puisse introduire de la main-d'œuvre étrangère agricole, sans que ce soit lui-même qui fasse la commande.

M. LE PRÉSIDENT. — C'est un argument d'opportunité qui peut avoir sa valeur. Mais je continue à proposer, et je crois que M. Boissard n'y serait pas contraire, que tout cet ensemble d'affaires sur le placement soit dominé par un conseil unique qui s'occuperait d'organiser le tout.

M. FUSTER. — C'est indispensable.

M. BOISSARD. — Au-dessus de l'Office d'immigration, on pourrait très bien supposer un conseil supérieur et national.

M. LE PRÉSIDENT. — La proposition de M. Brancher ainsi que la proposition de M. Boissard, qui a été commentée d'une façon parfaite par son auteur, tout cela trouvera place dans le compte rendu de la séance d'aujourd'hui, et nous serons documentés pour clore la discussion et émettre nos vœux dans la prochaine séance.

Séance du 24 Novembre 1923

(Suite de la discussion du rapport de M. Fagnot).

M. le Président. — A notre dernière réunion, nous avons achevé l'étude des vœux proposés, comme conclusion de son rapport, par M. Fagnot.

M. Boissard avait, au cours de cette séance, présenté un projet complémentaire tendant à l'organisation d'un Office national de la main-d'œuvre.

M. Boissard n'est pas là; mais M. Chabrun a bien voulu se charger de développer le point de vue de M. Boissard.

M. Chabrun. — Messieurs, je m'excuse de remplacer ainsi mon ami M. Boissard, qui a été empêché de venir par une cérémonie de famille. Depuis longtemps nous avons travaillé ensemble cette question et ce qui surtout le préoccupait, c'était la nécessité de simplifier le service d'immigration, mais de le simplifier de telle manière qu'un organe unique en fût responsable au regard de la nation et de l'étranger, organe se ramifiant dans le pays pour permettre la diffusion de la main-d'œuvre à travers les contrées qui en ont besoin.

Il est bien certain que l'organe central, c'est-à-dire ce que Boissard appelle l'Office national de l'immigration, doit être un organe rattaché au ministère des Affaires étrangères. Tout d'abord, remarquez bien que Boissard a choisi le titre d'Office. L'Office, Messieurs, c'est dans notre administration un appareil nouveau que la guerre nous a révélé, pour ainsi dire. La guerre nous a appris qu'entre l'administration proprement dite et les citoyens, ou les corps constitués, il pouvait y avoir un intermédiaire dans lequel se ferait la fusion, en quelque sorte, du personnel administratif et du personnel agissant de la nation. Voilà ce que nous représente l'Office. Ce titre est particulièrement avantageux pour un pays qui est en formation, ou reformation, si vous voulez, et par conséquent l'adoption du titre d'Office comme titre des organes de recrutement et de répartition des travailleurs me paraît particulièrement indiqué.

Le projet, après avoir prévu cet Office central de l'immigration, prévoit des Offices spéciaux pour le travail proprement dit et pour la main-d'œuvre agricole. Il est, en effet, nécessaire de distinguer les travailleurs qui sont destinés à l'industrie et ceux qui sont destinés à l'agriculture, non pas seulement à cause de leur attitude, mais parce que le monde agricole, il faut le reconnaître, est très jaloux de ses prérogatives et de son indépendance. Dès que l'on demande au monde agricole de se fondre avec un autre monde, on trouve immédiatement des résistances. Par conséquent, on ne peut prévoir un seul Sous-Office de répartition, il faut en prévoir deux : l'un pour la main-d'œuvre industrielle, l'autre pour la main-d'œuvre agricole.

Le reste des vœux déposés par Boissard a trait aux opérations que devront faire ces différents Offices. Ces opérations sont logiquement déduites du titre même des Offices. L'Office central recrute les travailleurs, conclut les contrats avec les pays d'origine et, après avoir envoyé les travailleurs aux Sous-Offices qui font les répartitions, continue à surveiller et à vérifier, au point de vue de la police et de l'hygiène, la manière dont ces travailleurs sont admis.

Je crois que ces vœux répondent d'une façon très adéquate à la pensée de l'Association pour la protection des travailleurs, et je pense, Messieurs, que vous ne ferez aucune difficulté à les adopter. Je vous le demande en m'excusant de vous les avoir développés avec autant de parcimonie, vous m'excuserez également d'avoir été le mauvais suppléant de l'auteur excellent qui vous les a soumis.

(Le Président remercie M. Chabrun d'avoir bien voulu ainsi remplacer M. Boissard).

M. Borderel. — Nous accepterions assez facilement les propositions qui nous sont faites de part et d'autre, mais il va sans dire que les avantages que nous donnons à la main-d'œuvre étrangère seraient également accordés à notre main-d'œuvre nationale par les pays d'immigration. C'est indispensable : nous ne pouvons faire des avantages à des citoyens d'un pays, même allié, sans que les mêmes avantages soient accordés par ces nations à nos nationaux.

Pour les Offices, je crois, en effet, qu'il y a de très grands avantages à tirer de l'organisation des Offices (et ce n'est pas à M. le Président que je dirai quels sont les avantages que nous en avons tirés dans certaines circonstances), mais je crois aussi que ces Offices ne doivent pas être officiels, c'est-à-dire dirigés par des fonctionnaires. Qu'il y ait des fonctionnaires pour la besogne matérielle, c'est entendu, mais généralement ceux qui ne travaillent pas dans les industries n'en connaissent pas les besoins ; besoins très mobiles, du moins dans notre industrie du bâtiment (car on ne parle bien que de ce que l'on connaît bien). Dans le bâtiment, nous avons une telle mobilité de main-d'œuvre qu'il faut des gens très avisés, des gens qui suivent les besoins constamment variables, qui puissent dire : Il faut pendant tel mois ou tant de mois, à telle ou telle saison, une certaine main-d'œuvre. Ce ne sont que les intéressés qui peuvent le dire. J'ajoute qu'industriels et agriculteurs devraient être associés dans ces Offices, parce qu'il arrive assez fréquemment que les ouvriers de certains corps d'état ont certaines analogies avec les ouvriers agricoles et pourraient passer de l'agriculture dans l'industrie, et vice versa. Dans l'industrie du bâtiment, certains ouvriers, même qualifiés, passeraient très bien, à certains moments, dans l'agriculture pour les réparations de voitures, de charrues, de hangars, etc., et, au besoin, rentreraient même les récoltes.

Par conséquent, j'insiste beaucoup pour qu'en effet il soit créé des Offices, mais surtout que ces Offices soient administrés par les intéressés eux-mêmes.

M. Chabrun. — Messieurs, je vous demande la permission de répondre en quelques mots à M. Borderel.

Tout d'abord, pour ce qui est des avantages réciproques, ils doivent nous permettre d'assurer à nos travailleurs, lorsque nous les envoyons à l'étranger, la même situation que celle que nous faisons aux travailleurs étrangers qui viennent chez nous. Je crois que M. Borderel a pleinement satisfaction en ce moment, étant donné que l'importation de main-d'œuvre ne se fait qu'après entente entre la France et les pays importateurs, et que toujours dans ces ententes on stipule la réciprocité. C'est d'ailleurs pour cela, et parce que cette entente dépend du ministère des Affaires étrangères, qu'il est indispensable qu'un Office central soit rattaché aux Affaires étrangères.

J'arrive au second point maintenant qui, pour moi, est

important entre tous : celui des Offices et du caractère qu'ils doivent avoir. J'en ai touché un mot tout à l'heure en indiquant que, dans l'esprit de Boissard et dans le mien, l'Office était un organisme public d'un type nouveau, que la guerre nous a pour ainsi dire révélé.

Cet organisme manifeste, en effet, une transformation profonde dans notre façon de concevoir l'administration. Autrefois, notre administration avait gardé entièrement son caractère centralisateur, et on ne concevait pas qu'une besogne administrative pût être faite par d'autres personnes que des fonctionnaires de métier.

Les besoins de la guerre nous ont révélé que, si les fonctionnaires ont la tâche très haute de centraliser, de coordonner les efforts de la nation, néanmoins, au moins sous la forme actuelle, ils ne sont pas en liaison suffisante avec la nation, si on ne crée pas cette liaison.

La nation, pour parler un langage presque métaphysique, est composée par quoi? Non pas par un souverain qui gouverne ou des assemblées qui délibèrent, mais par l'ensemble des citoyens actifs qui, dans chaque acte de leur vie, font figure, en quelque sorte, de personne publique, et c'est le sens même de la souveraineté nationale. Il y a des cas dans lesquels cette souveraineté nationale s'extériorise en des formes administratives nouvelles et l'Office répondrait aisément à ce besoin, car il permet d'avoir, en même temps que le cadre fixe, des fonctionnaires qui connaissent admirablement les rouages administratifs et guideraient les professionnels qui viendraient se joindre à eux, des professionnels, des hommes de métier qui ont fait leurs preuves dans la vie, qui connaissent admirablement les besoins auxquels l'Office a à répondre et qui, en fait, dirigeraient cet Office.

Voilà le sentiment que nous avons de cet Office. Vous voyez, Monsieur Borderel, que nous sommes parfaitement d'accord.

Vous avez enfin parlé de la liaison nécessaire entre les industriels et les représentants de l'agriculture. Cette représentation est désirable, mais pas toujours facile. Les agriculteurs ont, en effet, un esprit de séparatisme très marqué. Mais néanmoins, par le stimulant de l'intérêt bien compris, peut-être pourrons-nous arriver à faire une inter-pénétration qui est extrêmement désirable.

Je me réfère à un exemple tout récent que je viens de vivre. J'ai tenu dimanche dernier un congrès à Rennes, où étaient réunis, ce qui est assez singulier, des commerçants, des industriels, des ouvriers syndiqués, des fonctionnaires coopérateurs et des agriculteurs.

J'ai demandé à tous ces hommes de bien vouloir discuter sur des questions qui les intéressent, sur des questions de travail social, et de prendre des résolutions. Ils sont tombés très rapidement d'accord. Mais nous avons vu, à ce moment, un membre d'une délégation ouvrière venir nous dire ceci : Il nous arrive maintes fois que nous trouvons en ville des ouvriers incapables de gaguer leur vie, parce qu'ils n'ont pas les capacités nécessaires, ou sont victimes d'un chômage. Nous voudrions pouvoir les renvoyer à l'agriculture qui a besoin d'eux, mais nous n'arrivons pas à trouver le moyen de les faire quitter la ville pour retourner à la terre. Le congrès a alors émis un vœu, demandant qu'une liaison existe entre les Offices départementaux et les associations ouvrières pour permettre ce retour à la terre.

Vous voyez que nous avons commencé très modestement, et par en bas, le mouvement que vous indiquez. Si vous voulez, Monsieur Borderel, avec votre grande autorité, quand les Offices seront créés, reprendre ce mouvement par en haut, vous réaliserez une œuvre très intéressante à la fois pour l'industrie et l'agriculture, qui, manquant de bras, sera enchantée de trouver des ouvriers, qui, s'ils ne réussissent pas dans l'industrie, réussiront pleinement dans l'agriculture.

Je voudrais maintenant rassurer M. Borderel au sujet des Offices de placement. Ils ont tous à leur tête des comités paritaires. Chaque fois que dans la Seine par exemple un service s'est créé, on a fait appel aux syndicats autorisés et on leur a demandé de vouloir bien déléguer des personnalités qui géreraient le service. Il y a donc là un contact complet avec la profession, et un contact qui s'exerce même jusqu'à désigner et choisir le personnel parmi d'anciens professionnels.

M. Borderel. — Nous discutons l'immigration des étrangers...

M. Chabrun. — J'avais cru sentir une inquiétude de votre part en ce qui concerne le placement. Vous paraissez craindre qu'il ne soit pas fait par des autorités compétentes, et vous disiez : « pas de fonctionnaires ». Mais les fonctionnaires ne sont pas les maîtres de ces services, puisque c'est avec les comités paritaires que se prennent toutes les décisions. En ce qui concerne l'agriculture, et encore dans le département de la Seine, cette liaison est faite. Il y a également un comité de retour à la terre dans tous les départements. Ce comité de retour à la terre a accepté que je fasse partie de son organisme et a accepté également de déléguer au conseil d'administration de l'Office départemental le directeur des services agricoles et un membre de l'Association du retour à la terre. Vous voyez que le contact est bien établi, et qu'ainsi on peut suivre les mouvements de main-d'œuvre et replacer les travailleurs selon les besoins et les disponibilités.

M. Borderel. — Il s'agit d'abord de faire venir des ouvriers étrangers. L'Office qu'il s'agit de créer devra voir s'il est nécessaire de faire venir des ouvriers étrangers, quels ouvriers sont le plus demandés et à quelle époque, etc.

Vous parlez de la question de placement, sur laquelle nous sommes d'accord, alors qu'il s'agit de faire venir des ouvriers étrangers. Lorsqu'ils seront en France, à Paris, n'importe où, je comprends très bien que les Offices de placement agissent, parce que, parmi ces ouvriers, il y en aura qui ne trouveront plus la besogne qu'ils espéraient avoir en arrivant. Il faudra qu'ils changent de maison. Pour le moment, il s'agit de les faire venir. J'ajoute que ce serait une grosse erreur de faire venir en quantité plus ou moins considérable des ouvriers quelconques qui devraient répondre à des besoins industriels ou agricoles. Je persiste à dire que c'est cet Office qui devra être chargé de déterminer quels sont les ouvriers nécessaires à nos besoins industriels et agricoles, et ce n'est qu'après, lorsqu'on aura déterminé ces besoins, que les Offices de placement doivent rentrer en ligne de compte.

M. le Président. — Cela se passe exactement ainsi. Sauf que la détermination du nombre des ouvriers à importer est une chose qui est restée bien théorique. Tout d'abord, parce que l'on ne sait pas exactement quels sont les besoins et ensuite que, lorsque ces besoins sont grands, on ne peut y satisfaire.

Au ministère des Affaires étrangères, il y a une commission qui, pour chaque pays, par une conférence annuelle, détermine dans quelle limite doit s'opérer le recrutement.

Ce qui fait qu'il y a une intervention d'un organe administratif dans la question, c'est que les pays étrangers : la Pologne, la Tchécoslovaquie, l'Italie, n'ont pas admis que les patrons français aillent faire directement le recrutement. Ils ont voulu des garanties, lesquelles leur sont données par une espèce de coopération. Ce sont bien les industriels qui indiquent sur leurs demandes les ouvriers dont ils ont besoin, combien, à quel salaire ; même très souvent ils indiquent les noms des ouvriers qu'ils désirent. Mais les opérations de recrutement ne sont pas faites par eux directement. Elles se font par l'intermédiaire des Offices étrangers d'émigration et de grandes associations patronales. Quant à l'administration française, elle s'occupe simplement des travailleurs recrutés à l'étranger, pour les faire arriver en France, en satisfaisant à toutes les conditions que les pays étrangers ont posées à ce recrutement.

Cette question a été réglée, non pas d'après des vues théoriques, mais en tenant compte de la nécessité d'assurer le recrutement de la main-d'œuvre indispensable à notre industrie et à notre agriculture et du juste souci qu'avaient les gouvernements étrangers de contrôler l'émigration de leurs travailleurs.

Je voudrais maintenant reprendre le premier point qu'a traité M. Borderel. Il a dit avec raison qu'il ne faut accorder aux travailleurs étrangers en France que les avantages accordés aux travailleurs français à l'étranger.

Il y a lieu, cependant, de faire une distinction.

Il y a des choses que nous devons aux travailleurs étrangers dans l'intérêt même des travailleurs français, et cela même sans réciprocité, comme par exemple de leur donner la même durée de travail qu'aux travailleurs français, les mêmes réglementations d'hygiène et de sécurité. Il y a, au contraire, certaines dispositions de notre législation sociale qui peuvent faire l'objet de traités, comme les assurances, l'assistance, etc.

Je pense que c'est de la seconde catégorie de mesures qu'a voulu parler M. Borderel. Il serait, en effet, impossible, si un travailleur italien tombe sur le pavé, de ne pas le transporter à l'hôpital. Quoique M. Borderel se soit expliqué brièvement, je pense que nous sommes d'accord sur ce point.

Je voudrais poser une question à propos du texte même de M. Boissard. « L'Office de la main-d'œuvre, propose-t-il, serait chargé à l'intérieur du pays de la répartition, du placement, de la protection et du contrôle des immigrants destinés à l'industrie et au commerce. »

C'est, en effet, ce qui se passe pour l'immigrant, au moment où il arrive. Mais, une fois que l'immigrant est en France, lorsqu'il appartient à une profession industrielle et qu'il veut se placer dans une profession agricole, ou, ce qui arrive bien plus souvent, si, recruté comme ouvrier agricole, il veut se placer comme ouvrier industriel, il s'adresse à n'importe quel bureau de placement, et celui-ci lui indique ce qu'il a de libre; si c'est un travailleur industriel qui veut se placer dans l'agriculture, il faut l'encourager, et les Offices de placement font ce qu'ils peuvent pour le lui faciliter. Quand c'est un ouvrier agricole qui a terminé son contrat et désire aller se placer dans l'industrie, il est également difficile de ne pas lui donner une place. Je suis d'accord avec le texte si on parle seulement des immigrants, au moment de leur arrivée. Je ne crois pas que nous puissions l'accepter en ce qui touche les ouvriers étrangers une fois introduits chez nous. Lorsqu'un homme n'a pas de travail et vient vous en demander, il ne faut pas le lui refuser et l'adresser à la porte en face.

M. Keufer. — Le préambule de ces propositions dit que ces propositions sont faites en vue d'assurer d'abord la simplification des opérations, leur coordination et l'économie. Nous ne pouvons qu'approuver les indications de l'auteur de ces propositions, si, réellement, les propositions ont ce triple résultat.

M. le Président. — L'organisation de M. Boissard est à peu près la consolidation de ce que la pratique a implanté en France, c'est la légalisation de ce qui existe.

M. Fagnot. — Sauf le premier point : là M. Boissard innove.

M. le Président. — Même pas. En fait, l'Office national d'immigration fonctionne déjà dans une certaine mesure sous la forme de Commission interministérielle de l'immigration. Ce que j'ai voulu dire, c'est que les vœux proposés par M. Boissard mettent au point la pratique actuelle, en la poussant jusqu'au point où il faut une loi pour la régulariser.

M. Keufer. — C'est une réelle amélioration sur le fonctionnement actuel du système de placement des ouvriers étrangers et une simplification dans les conditions administratives des différents services.

M. le Président. — Cela ne change à peu près rien. C'est là la chose importante de la proposition de M. Boissard. M. Boissard est amené à faire cette proposition parce qu'il y a un projet de loi devant les Chambres depuis un an, qui est très différent de cela. C'était un projet de loi centralisateur qui remettait en commun tout ce qui concerne l'industrie, le commerce et l'agriculture, et M. Boissard qui, je crois, est rapporteur de ce projet de loi, après de longues hésitations, a pensé qu'il y avait lieu de se rapprocher de ce que la pratique avait amené à constituer progressivement; de sorte que, parti du projet de loi déposé par le Gouvernement en 1915 ou 1916, M. Boissard arrive à proposer de faire passer dans des textes de loi ce que la pratique a amené à faire et à le compléter par l'Office de l'immigration.

M. Keufer. — Tout le monde ici connaît les difficultés qui se sont souvent élevées dans les rapports du ministère du Travail et du ministère de l'Agriculture, en ce qui concerne précisément cette question du placement. Le ministère de l'Agriculture a conservé ses prérogatives et les a triplées, alors que le ministère du Travail désire simplifier en centralisant, et je vois que les propositions de M. Boissard maintiennent, si j'ose dire, cette collaboration séparée.

M. Chabrun. — Au point de vue pratique, il est impossible de faire autrement. En ce qui me concerne, je me suis heurté un beau jour au ministère de l'Agriculture et ai essuyé toutes sortes d'excommunications, parce que je proposais de faire faire certains enseignements techniques agricoles par les services de l'Enseignement technique et de l'Instruction publique.

Je cite un exemple : On poursuit l'électrification des campagnes. Il est nécessaire que tout jeune agriculteur soit au courant de ce qu'est un moteur et capable de faire les réparations urgentes. Pour cela, il me paraissait utile d'instituer des cours du soir où on leur apprendrait ce qu'est un moteur. Eh bien! j'ai éprouvé sur ce point des résistances extraordinaires.

Je vois encore un collègue disant à la Chambre : « On

n'a pas attendu que vous soyez là pour réparer les moteurs agricoles ! » Il est, je vous assure, très difficile de toucher aux prérogatives de l'Agriculture. Je crois cependant que le projet de Boissard, tout en respectant l'économie agricole, permet des pénétrations entre l'Office qui sera au ministère du Travail et les services qui seront au ministère de l'Agriculture, et on ne pourra que se trouver très bien de ces pénétrations.

M. le Président. Je crois que le texte de M. Boissard est peut-être le seul moyen d'aboutir, avec toutefois le correctif proposé par M. Borderel.

M. Keufer. — Les explications que nous a données M. Chabrun sur les difficultés qui existent entre les agriculteurs et les industriels n'ont pas éclairé ma religion.

M. le Président. — Depuis six ans, le projet de loi sur l'immigration n'a pu être voté, parce que la majorité de la Chambre est agricole et n'en veut pas. Faut-il donc se résoudre à ce que rien ne soit voté?

Nous nous sommes heurtés à un mur depuis des années. Faut-il en rester là indéfiniment? M. Boissard ne le pense pas et je partage son avis.

Je vais relire les vœux proposés par M. Boissard et les mettre aux voix :

« Tout en reconnaissant pleinement les services considérables rendus par les organismes publics de main-d'œuvre créés et gérés par divers départements ministériels et très particulièrement par le ministère du Travail, avec le concours des départements et des communes, il apparaît comme indispensable, dans un triple but de simplification, de coordination et d'économie, de procéder à une réorganisation d'ensemble et méthodique de ces organismes sur les bases suivantes. »

Je critiquerai le mot « indispensable » et je propose de lui substituer les mots « très utile ».

M. Chabrun. — « Particulièrement opportun », si vous voule.

M. le Président. — J'accepte. Le mot « indispensable » sembleiait donner une approbation de fond définitive à une dualité que nous n'acceptons que comme opportune.

Pas d'opposition? Ce préambule est adopté.

Je lis le second paragraphe :

« Ces organismes seraient réduits à trois services centraux : 1° un Office national de l'immigration rattaché au ministère des Affaires étrangères, conformément aux dispositions du projet de loi du 12 octobre 1922; 2° un Office national de la main d'œuvre groupant, au ministère du Travail, tous les services de main-d œuvre et comportant deux sections principales : l'une pour la main-d'œuvre nationale et l'autre pour la main-d'œuvre étrangère; 3° un service de main-d'œuvre agricole au ministère de l'Agriculture. »

Quelqu'un propose-t-il un amendement au paragraphe B?

Pas d'opposition? Adopté.

Je lis maintenant le troisième paragraphe. C'est le point spécialement important : « Les attributions respectives des trois services centraux seraient ainsi réparties : 1° L'Office national de l'immigration serait chargé de toutes les opérations effectuées à l'extérieur du pays, des négociations s'y rattachant et de l'administration des dépôts et contrôle de frontière (recrutement sur place et acheminement des travailleurs étrangers; conventions diplomatiques avec les gouvernements des pays d'origine de ces travailleurs; contrats d'engagement et de travail avec les individus ou les collectivités intéressés; vérifications de police et d'hygiène, etc.). 2° L'Office national de la main-d'œuvre serait chargé, à l'intérieur du pays, de la répartition, du placement, de la protection et du contrôle des immigrants destinés à l'industrie et au commerce. 3° Le service de la main-d'œuvre étrangère agricole aurait les mêmes attributions pour les immigrants destinés à l'agriculture. »

M. Keufer. — L'Office, dit le vœu, devra rédiger les contrats d'engagement et de travail. Or, dans la pratique, on fait faire aux travailleurs étrangers une concurrence déloyale aux travailleurs français. Je me demande si, dans ces contrats que l'Office doit préparer, il ne serait pas nécessaire d'insérer une clause qui prévoit qu'il ne faudra pas que les travailleurs étrangers soient payés moins cher que les travailleurs français.

M. le Président. — C'est fait.

M. Michaux. — Mais cela n'est pas respecté.

M. le Président. — On a introduit l'année dernière 150.000 personnes, avec des contrats contenant cette clause.

M. Michaux. Il y a également la multitude de ceux qui rentrent tout seuls.

M. Chabrun. Ce que dit M. Michaux est un point particulièrement intéressant. Il est évident que, lorsque les travailleurs étrangers entrent en France, ils entrent dans des conditions telles qu'ils ne devraient pas, théoriquement, faire concurrence à la main d'œuvre française. Mais, si on fait des appels trop considérables de travailleurs étrangers, la présence même de ces travailleurs étrangers fera baisser les salaires à un moment quelconque. Il y a donc toute une politique de l'immigration à définir, mais que nous ne pouvons pas définir en instituant l'organisme. C'est le cadre qu'il faut créer; une fois créé, il faudra prévoir comment il peut fonctionner et il s'agira de limiter les entrées de telle manière que la main-d'œuvre française n'ait pas à souffrir de la main-d'œuvre étrangère.

Il s'agit d'arriver à une politique qui contrôle les besoins véritables et ne fasse entrer que les travailleurs dont on a besoin.

M. le Président. — Ce qui répond plus complètement à l'observation de M. Michaux, c'est le vœu que nous avons émis en faveur de l'égalité de salaire. Nous posons cette égalité comme une condition générale et légale en France et indépendante des contrats; par conséquent, lorsque ces contrats sont à expiration, les ouvriers étrangers doivent toucher le même salaire que les travailleurs français, du moins s'il est donné satisfaction au vœu que nous avons émis.

M. Michaux. — J'ai fait remarquer cela, parce que les travailleurs étrangers font, en fait, une concurrence déloyale.

M. le Président. — Tous ceux qui viennent avec un contrat ont leur salaire indiqué sur le contrat.

M. Michaux. — La plupart du temps ils ne savent pas lire.

M. le Président. — Leur consul sait lire. Croyez bien que, lorsque quelqu'un est muni d'un contrat et a droit à un salaire déterminé, il ne le néglige pas.

M. Jean Lerolle. — Le cas que vise M. Michaux est différent : c'est le cas du travailleur étranger qui accepte volontairement en France, une fois entré, des salaires inférieurs à ceux que reçoivent les travailleurs français.

M. Keufer. — C'est une situation très délicate et difficile à atteindre.

M. le Président. — Je le répète, c'est pour parer autant que possible à cette situation que vous avez voté le vœu proposé par M. Fagnot

Nous ne pouvons pas faire davantage.

M. Keufer. — Il vient de se produire tout récemment un mouvement de salaire du côté de la Savoie. Une grève a éclaté. Dans cette profession, il existe une fédération ouvrière internationale. Or, en dépit des règlements fédéraux, sans se mettre en rapports avec l'organisation française, la fédération suisse a envoyé des ouvriers remplacer les grévistes.

Eh bien ! si là où il y a une organisation ouvrière forte, qui fonctionne très bien depuis des années, on peut violer des engagements internationaux, comment les règles que vous posez seront-elles observées quand ce sont des étrangers ignorants qui rentrent en France ? C'est là l'avantage des patrons qui embauchent des ouvriers étrangers. Ils peuvent avoir une main-d'œuvre à meilleur marché.

M. le Président. — En dépit des inconvénients sérieux qui peuvent se produire ici ou là, la France actuelle ne peut entretenir son outillage et sa production sans la main-d'œuvre étrangère. Le tout est de prendre les précautions nécessaires. Mais quant à vivre en ce moment et pour une certaine période assez longue d'années sans main-d'œuvre étrangère, il n'y faut point songer.

M. Tessier. — Ce que vient d'indiquer M. Keufer est un peu décevant. J'avais demandé la parole pour indiquer qu'à mon avis l'un des meilleurs moyens pour pallier à la concurrence de la main-d'œuvre étrangère serait l'intervention des organisations syndicales. Je crois que toutes les grandes organisations syndicales françaises se sont préoccupées de la question. Le travailleur étranger, en tant qu'il reste à l'état de producteur isolé, est exposé à subir des conditions de travail désavantageuses. Au contraire, lorsqu'il est incorporé dans un syndicat français, il semble que celui-ci ait le moyen de lui faire obtenir et conserver dans la pratique des conditions de travail sensiblement équivalentes à celles des travailleurs français de la même profession.

C'est encore par l'intervention des organisations syndicales qu'on doit pouvoir arriver en pratique à obtenir que les conditions prévues par la loi soient respectées; s'il se produit des cas aussi paradoxaux que celui signalé par M. Keufer, c'est un peu troublant.

M. Albert Thomas. — Le cas cité par M. Keufer est un cas exceptionnel : 1° le fait se passe à la frontière; 2° les ouvriers suisses ne sont peut-être pas syndiqués; 3° la maison qui les a introduits en France est suisse. Elle a fait rentrer les ouvriers d'une usine dans l'autre.

M. le Président. — Je mets aux voix le 1°. Personne ne fait d'objection ? Pas plus sur le 2° ?

M Keufer. Le 2° semble donner une certaine satisfaction aux observations faites tout à l'heure, puisqu'il est dit : « l'Office national de la main-d'œuvre serait chargé à l'intérieur du pays du placement et du contrôle des immigrants ».

Il y aurait donc là, si ce contrôle s'exerçait avec une certaine activité, une garantie pour les conditions du salaire.

M. le Président. — Je mets le 2° aux voix. Pas d'opposition ? Adopté.

Je continue : 3° « Le service de la main-d'œuvre étrangère agricole aurait les mêmes attributions pour les immigrants destinés à l'agriculture ».

Pas d'opposition ? Adopté.

Paragraphe D. — « Pour certaines professions spéciales et ainsi que cela se pratique déjà de façon satisfaisante, les opérations de recrutement et d'introduction des travailleurs pourraient être confiées à des associations privées offrant des garanties suffisantes. Les services publics centraux resteraient chargés, à l'extérieur et à l'intérieur, du contrôle desdites opérations ».

C'est ce qui se passe en ce moment pour la main-d'œuvre agricole avec l'Office de la rue d'Athènes, et pour la main-d'œuvre industrielle avec l'Office du Comité des Houillères.

M. Albert Thomas. Même du Comité des Forges.

M. Keufer. — M. Chabrun pourrait-il nous donner quelques précisions en ce qui concerne les associations auxquelles on pourrait confier ces opérations ?

M. Chabrun. — Ce sont celles qui fonctionnent actuellement. Il y en a particulièrement une qui fonctionne rue d'Athènes : l'Association des Agriculteurs de France ; elle s'occupe de l'immigration de la main-d'œuvre agricole. Il y a aussi des associations industrielles, le Comité des Forges, le Comité des Houillères, qui a son office d'immigration.

M. le Président. — Il s'agit, Monsieur Keufer, du recrutement. Or, le recrutement à l'étranger n'est jamais fait, dans aucun cas, par nos Offices de placement. Il est fait, soit par des associations privées, soit par la puissance étrangère. Jamais les pouvoirs français n'ont envoyé un personnel à l'étranger pour recruter les travailleurs étrangers.

M. Keufer. — Je voulais simplement faire remarquer que le paragraphe en question dit : « Les opérations de recrutement et d'introduction des travailleurs étrangers pourraient être confiées à des associations privées, offrant des garanties suffisantes ». Le Comité des Houillères de France, le Comité des Forges sont assurément des associations très puissantes qui peuvent recruter des ouvriers à l'étranger pour leurs travaux et leurs grandes usines. Il reste à savoir si ces grandes compagnies respecteraient les contrats

M. le Président. — Elles ne peuvent faire entrer d'immigrants sans cela. Les contrats doivent être visés pour elles comme pour les autres.

M. Keufer — Je ne vois qu'une seule garantie, elle est dans ce paragraphe : « Les services publics centraux resteraient chargés à l'intérieur et à l'extérieur du contrôle desdites operations ».

M. le President. — C'est toute la garantie

Un assistant. Messieurs, je désirerais apporter quelques précisions sur l'existence et le fonctionnement des services de main-d'œuvre étrangère du Comité des Houillères. Je représente le Comité central des Houillères de France, qui paraît soulever de la part de ces Messieurs quelque appréhension. Depuis trois ans que ce service existe, il a introduit en France tout près de 100.000 ouvriers étrangers, ce qui fait, en comptant la masse des hommes et des enfants, tout près de 200.000 personnes. Notamment au point de vue de l'égalité de traitement entre ouvriers mineurs français et étrangers, nous n'avons pas été saisis d'une seule réclamation. Je tenais à souligner ce fait pour montrer qu'il y a des organisations même patronales qui peuvent offrir, comme le dit la rédaction de M. Boissard, des garanties suffisantes.

M. Keufer. — Je me félicite de l'observation que j'ai faite tout à l'heure, puisqu'elle nous a valu cette intéressante déclaration, mais n'exagérons rien. M. le représentant des Houillères fait remarquer qu'au point de vue salaire l'Office fonctionne dans d'excellentes conditions. Je l'en félicite, mais n'allez pas trop loin et ne dites pas que sur 100.000 personnes vous n'avez pas une seule réclamation de salaire, car nous serions peut-être obligés de vous opposer des faits assez sérieux, notamment les plaintes qui ont lieu, du fait que certains ouvriers se déclarent lésés ; une enquête a même été faite qui emplit les journaux polonais.

Ceci dit, tout en rendant hommage à l'excellence de votre organisation.

Le même assistant. — Mettez, si vous le voulez, que j'ai reçu 10, 20, 50 réclamations, ce qui est un chiffre insignifiant pour le nombre des travailleurs.

M. le Président. — Ce qu'il faut bien voir, c'est que toutes les garanties sont dans le contrôle, mais qu'il n'est pas imaginable, étant donnés les besoins de la France en main-d'œuvre étrangère, qu'il puisse être satisfait à ce besoin sans que des associations s'en occupent, à moins que l'État français ne se fasse recruteur de main-d'œuvre.

M. Albert Thomas. — Il ne l'a jamais fait.

M. le Président. — Si, pendant la guerre. Encore en 1921 on le faisait en Tchéco-Slovaquie, et on a eu extrêmement peu de Tchéco-Slovaques. Quand il s'agit d'introduire 100.000 ou 200.000 Polonais, il est nécessaire que ce soient les employeurs qui donnent les garanties suffisantes. Si l'on devait amener 15.000 Polonais qui restent sur le pavé de Paris, ce serait très désagréable. Ils ne peuvent donc être introduits que lorsqu'ils sont acceptés par les personnes qui doivent les employer.

C'est dans le contrôle des contrats, des conditions de voyage, d'hygiène et de sécurité à l'entrée, dans le contrôle ensuite des conditions de l'emploi par les inspecteurs ou les services, que résident les garanties réelles des ouvriers étrangers

M. Fagnot. — Un seul mot pour compléter sur un point de détail les déclarations qui viennent d'être faites et qui sont d'un si grand intérêt.

Il serait vraiment très désirable que toutes les sociétés offrant une garantie morale comme financière de premier plan et qui s'occupent à l'heure actuelle du recrutement des travailleurs à l'étranger veuillent bien toutes se compartimenter, si je puis employer ce mot qui vient de la guerre, rester bien dans leur domaine propre.

M. le Président. — Le texte dit bien : *pour certaines professions spéciales*. Il dit aussi : *les associations privées offrant des garanties suffisantes*. Ce qui est dans l'esprit de MM. Boissard et Chabrun, c'est qu'une association doit être agréée par le gouvernement et qu'elle doit remplir certaines conditions. Or, ces conditions ne peuvent être remplies par n'importe qui.

M. Fagnot. — Dans la pratique actuelle, il y a de petites rectifications qui seraient fort heureuses.

Quand on recrute de la main-d'œuvre, il arrive de rencontrer sur son chemin des ouvriers industriels, alors qu'on est une association agricole, et de prendre ces ouvriers par-dessus le marché, pour compléter le convoi. Cela entraîne dans la pratique d'assez sérieuses difficultés en quelques cas. Il faudrait que chacune des grandes organisations de recrutement veuille bien dire à ses agents d'exécution : Nous ne sommes pas qualifiés pour amener ces 100 ou 200 hommes de plus.

M. Leibnitz. — Ce qu'a oublié M. Fagnot, c'est que toutes les organisations ne sont pas aussi importantes que les grands comités dont il parle. Toutes les industries ne peuvent avoir un service de recrutement à l'étranger. Il faut donc qu'elles se joignent à d'autres; cela me paraît indiqué, puisque le gouvernement ne peut faire le recrutement.

M. Fagnot. — Je ne dis pas le contraire, mais quand il n'y a pas d'accord, du genre de ceux dont parle M. Leibnitz, quand ce n'est pas prévu, cela entraîne des difficultés très graves. Que vous chargiez le Comité des Houillères d'amener des ouvriers pour une profession déterminée, il n'y a pas d'inconvénients; mais si une association qui fait le recrutement agricole amène des ouvriers destinés à l'industrie, le résultat c'est que ces travailleurs sont perdus. On ne sait pas où les envoyer. Ils ont perdu du temps, de l'argent et souvent ils ne trouvent pas la place qu'ils peuvent avoir. Ce n'est pas faire les choses avec ordre.

M. le Président. — Je lis les paragraphes D et E :

D. — Pour certaines professions spéciales, et ainsi que cela se pratique déjà de façon satisfaisante, les opérations de recrutement et d'introduction des travailleurs étrangers pourraient être confiées à des associations privées offrant des garanties suffisantes. Les services publics centraux resteraient chargés, à l'extérieur et à l'intérieur, du contrôle desdites opérations.

E. — Localement, le placement des immigrants serait effectué, comme celui des travailleurs nationaux, par un service unique : l'Office départemental ou municipal de placement.

Le contrôle de ces Offices locaux et l'interplacement seraient confiés aux organes régionaux (au nombre de neuf ou dix) de l'Office national de la main-d'œuvre.

M. Leibnitz. — Pourquoi maintenir ces mots de service unique ? Il y a des placements professionnels, qu'il ne faudrait pas méconnaître.

M. le Président. — Il s'agit des services publics. Ce que nous voulons, c'est qu'un seul service public fasse le placement des immigrants à l'intérieur. Mais nous respectons pleinement la liberté des placements syndicaux.

Les paragraphes D et E, mis aux voix, sont adoptés.

TEXTE DES VŒUX ADOPTÉS

I

RAPPORT DE M. OUALID

A

L'Association pour la protection légale des travailleurs :

Considérant que l'assistance médicale constitue le besoin le plus urgent à satisfaire pour les immigrants appartenant à des pays non liés à la France par des conventions la leur assurant ;

Mais considérant, aussi, d'une part, que les nécessités budgétaires commandent le plus grand ménagement dans l'emploi des deniers publics, d'autre part, que les travailleurs étrangers échappent, en fait, faute d'une résidence continue, aux contributions directes acquittées par les Français, et, notamment, à l'impôt sur les salaires et à la contribution personnelle et mobilière, ainsi qu'aux centimes additionnels départementaux et communaux assis sur cette dernière, lesquels constituent une ressource importante des communes et des départements chargés de l'assistance médicale,

Émet le vœu :

Qu'en attendant le vote du projet de loi sur les assurances sociales et une réforme de la loi fiscale propre à faire mieux contribuer les travailleurs étrangers aux dépenses publiques, l'assistance médicale soit assurée dans les meilleures conditions possibles aux travailleurs étrangers ressortissant de pays n'ayant pas conclu avec la France de convention sur cette matière ; notamment en généralisant les clauses contenues dans les contrats-types d'ouvriers étrangers, stipulant pour l'employeur l'obligation de leur garantir, en cas de maladie, le logement, l'alimentation, et les soins médicaux et pharmaceutiques, moyennant une retenue sur le salaire, dont le montant maximum serait fixé en proportion de la durée des soins garantis.

B

Que les conventions internationales du travail relatives aux questions d'immigration et d'émigration, d'assurance, d'assistance et de prévoyance sociales revêtent la forme de conventions bilatérales de pays à pays, plutôt que celle de conventions générales ouvertes, tant que les propositions de législation intérieure des différents pays ne présenteront pas un degré suffisant d'uniformité et d'équivalence.

C

Que, conformément aux recommandations de la Conférence internationale de Genève de 1922, le Gouvernement français procède à l'élaboration de la définition du terme émigrant, et à l'unification des relevés statistiques concernant l'émigration, l'immigration et le transit, en utilisant d'abord les données contenues dans la législation française existante, et en se mettant d'accord, pour commencer, et en raison des répercussions juridiques possibles de cette définition, avec les pays auxquels il est déjà lié par des conventions d'immigration et de travail.

***

II

RAPPORT DE M. FAGNOT

L'Association pour la protection légale des travailleurs émet les vœux suivants :

A

Les opérations de recrutement, introduction et placement des travailleurs étrangers doivent être effectuées conformément au principe que la main-d'œuvre étrangère n'est et ne doit être qu'une main-d'œuvre de complément. Ces opérations doivent être conduites de manière à ne pas engendrer de chômage parmi les travailleurs français.

B

Les travailleurs étrangers qui apportent le concours de leur activité productrice ont droit, en tous pays, de la part des employeurs et des autorités publiques, à un traitement équitable et bienveillant : salaire normal et courant des travailleurs du pays; logement et nourriture convenablement assurés ; secours d'urgence en cas d'accidents et de maladies; régime d'équivalence en matière d'assurances sociales et d'assistance ; bénéfice des lois sur le travail, les syndicats et associations ; protection vigilante par les services publics de main-d'œuvre ; protection générale des autorités et administrations publiques pour eux et, le cas échéant, leur famille.

C

Il y a intérêt pour le pays, au double point de vue technique et social, à ce que les travailleurs immigrants soient recrutés, comme à l'heure actuelle, dans plusieurs Etats différents.

VOEUX PROPOSÉS PAR M. BOISSARD

A

Tout en reconnaissant pleinement les services considérables rendus par les organismes publics de main-d'œuvre créés et gérés par divers départements ministériels et très particulièrement par le ministère du Travail, avec le concours des départements et des communes, il apparaît comme particulièrement opportun, — dans un triple but de simplification, de coordination et d'économie, — de procéder à une réorganisation d'ensemble et méthodique de ces organismes sur les bases suivantes :

B

Ces organismes seraient réduits à trois services centraux ;

1° Un *Office national de l'immigration*, rattaché au ministère des Affaires étrangères, conformément aux dispositions du projet de loi du 12 octobre 1922 ;

2° Un *Office national de la main-d'œuvre* groupant, au ministère du Travail, tous les services de main-d'œuvre et comportant deux sections principales : l'une pour la main-d'œuvre nationale et l'autre pour la main-d'œuvre étrangère ;

3° Un *service de la main-d'œuvre étrangère agricole* au ministère de l'Agriculture.

C

Les attributions respectives des trois services centraux seraient ainsi réparties :

1° L'Office national de l'immigration serait chargé de toutes les opérations effectuées à l'extérieur du pays, des négociations s'y rattachant et de l'administration des dépôts et contrôles de frontière (recrutement sur place et acheminement des travailleurs étrangers ; conventions diplomatiques avec les gouvernements des pays d'origine de ces travailleurs ; modèles de contrats d'engagement et de travail avec les individus ou les collectivités intéressés ; vérifications de police et d'hygiène, etc.) ;

2° L'Office national de la main-d'œuvre serait chargé à l'intérieur du pays, de la répartition, du placement, de la protection et du contrôle des immigrants destinés à l'industrie et au commerce ;

3° Le service de la main-d'œuvre étrangère agricole aurait les mêmes attributions pour les immigrants destinés à l'agriculture.

D

Pour certaines professions spéciales, et ainsi que cela se pratique déjà de façon très satisfaisante, les opérations de recrutement et d'introduction des travailleurs étrangers pourraient être confiées à des associations privées offrant les garanties suffisantes. Les services publics centraux resteraient chargés, à l'extérieur et à l'intérieur, du contrôle desdites opérations.

E

Localement, le placement des immigrants serait effectué, comme celui des travailleurs nationaux, par un service public unique : l'Office départemental ou municipal de placement.

Le contrôle de ces Offices locaux et l'interplacement seraient confiés aux organes *régionaux* (au nombre de neuf ou dix) de l'Office national de la main-d'œuvre.

TABLE DES MATIÈRES

ORLÉANS - IMPRIMERIE DU LOIRET

PUBLICATIONS DE L'ASSOCIATION NATIONALE FRANÇAISE

pour la protection légale des travailleurs

NOUVELLE SÉRIE

En vente chez F. ALCAN, éditeur, 108, boulevard Saint-Germain et Marcel RIVIÈRE, 31, rue Jacob

---

I. *La réglementation du travail dans les usines à marche continue.* — Rapport de M. F. FAGNOT, 1913. — Brochure, 1 fr. 50.

II. *La saisie arrêt des salaires et traitements.* — Rapport de M. Ch. GUERNIER, 1913. — Brochure, 1 fr.

III. *Les accidents du travail survenus aux enfants âgés de moins de treize ans.* — Rapport de M. Henri CAPITANT, 1913 — Brochure, 1 fr.

IV. *La réglementation légale de la convention collective de travail.* — Rapport de M. Arthur GROUSSIER, 1913. — Brochure, 1 fr. 50.

V. *La réglementation des conditions de sécurité et d'hygiène dans les chantiers de construction.* — Rapport de M. BERNARD DÉCAILLY. Publication de la Section du Nord, 1913. — Brochure, 1 fr.

VI. *La deuxième Conférence officielle de Berne (Travail de nuit des jeunes ouvriers. — Journée de 10 heures).* — Rapport de M. A. MILLERAND, 1913. — Brochure, 1 fr.

VII. *Les dérogations au repos collectif du dimanche.* — Rapport de M. Paul AUBRIOT, 1914. — Brochure, 1 fr.

VIII. *Les veillées dans le commerce.* — Rapport de M. Charles VIENNET, 1914. — Brochure, 1 fr.

IX. *La semaine anglaise. — Le Repos de l'après-midi du samedi.* — Rapport de M. Raoul JAY, 1915. — Brochure, 1 fr.

X. *La maternité ouvrière et sa protection légale en France.* — Rapport de Mme Paul GEMÄHLING, 1915. — Brochure, 1 fr.

XI. *Le minimum de salaire dans l'industrie du vêtement. La loi du 10 juillet 1915,* par M. Raoul JAY, 1915. — Brochure, 0 fr. 50.

XII. *Les actions en justice nées de la loi du 10 juillet 1915 sur le minimum de salaire.* — Rapport de M. Albert TISSIER, 1916. — Brochure, 1 fr.

XIII. *L'application de la loi du 10 juillet 1915 sur le minimum de salaire.* — Rapport de M. Albert TISSIER, 1917. — Brochure, 1 fr.

XIV. *La semaine anglaise dans l'industrie du vêtement. — La loi du 11 juin 1917,* par M. Raoul JAY, 1918. — Brochure, 0 fr. 50

XV. *Les clauses du travail dans le traité de paix.* — Rapport de M. Justin GODART, 1919. — Brochure, 1 fr.

XVI. *La réglementation professionnelle du travail et le contrat collectif.* — Rapport de M. Jean LEROLLE, 1919. — Brochure, 1 fr.

XVII. *La part du travail dans la gestion des entreprises*, rapport de M. F. Fagnot, 1919. — Brochure, 4 fr. 50.

XVIII *La part du travail dans la gestion des entreprises*, 2e rapport de M. F. Fagnot, 1921. — Brochure, 3 fr. 50.

XIX. *Le projet de loi sur les assurances sociales*, rapport de M. Georges Cahen-Salvador, 1921. — Brochure, 3 fr. 50.

XX. *La loi de huit heures*, rapport de M. Justin Godart, 1922. — Brochure, 1 fr. 50.

XXI. *L'organisation internationale du travail*, rapport de M. Paul Devinat, 1923. — Brochure, 1 fr. 50.

XXII. *L'Aspect juridique de l'immigration ouvrière*, rapport de M Olalio, 1923. — Brochure, 2 fr.

L'Association nationale française examine et discute dans ses réunions périodiques les questions de législation du travail à l'ordre du jour. Elle publie le compte rendu de ses discussions. Ces publications sont servies aux membres de l'Association.

Sont membres de l'Association les personnes et les sociétés qui considèrent la législation protectrice des travailleurs comme nécessaire et adhèrent aux statuts de l'Association.

La cotisation annuelle est fixée à 15 francs. Elle est réduite à 5 francs pour les personnes ou les sociétés qui ne demandent pas à recevoir les publications de l'Association.

Les membres de l'Association nationale bénéficient d'une réduction de 25 % sur les abonnements aux publications du B. I. T. de Genève.

Les adhésions sont reçues par le secrétaire général de l'Association : M. Jean Lerolle, 5, rue Las-Cases.

ORLÉANS. — IMP. DU LOIRET.

www.ingramcontent.com/pod-product-compliance
Ingram Content Group UK Ltd.
Pitfield, Milton Keynes, MK11 3LW, UK
UKHW021549260726
13993UKWH00002B/716

9 782329 179230